평신도를 위한
제자훈련 입문

국제제자훈련원은 건강한 교회를 꿈꾸는 목회의 동반자로서 제자 삼는 사역을 중심으로
성경적 목회 모델을 제시함으로 세계 교회를 섬기는 전문 사역 기관입니다.

길

초판   1쇄 발행 2003년 11월 20일
초판 87쇄 발행 2024년 1월 25일

지은이 옥한흠

펴낸이 오정현
펴낸곳 국제제자훈련원
등록번호 제2013-000170호(2013년 9월 25일)
주소 서울시 서초구 효령로68길 98(서초동)
전화 02)3489-4300 **팩스** 02)3489-4329
이메일 dmipress@sarang.org

ISBN 89-5731-022-3 03230

※ **책값은 뒤표지에 있습니다. 잘못된 책은 구입하신 곳에서 교환해드립니다.**

평신도를 위한
제자훈련 입문

길

옥 한 흠 지음

국제제자훈련원

서문

지난 백 년 동안 한국 교회는 놀라운 은혜를 경험했다. 더불어 세상이 무시할 수 없는 눈부신 발전을 이룩해 왔다. 하지만 새로운 세기에 들어선 지금 한국 교회는 위기를 맞고 있다. 성장의 이면에는 드러내어 이야기하기 힘들 정도로 부끄러운 부분이 많다.

성경의 가르침을 떠난 세상의 지혜와 방법들이 교회를 병들게 했다. 당연히 이런 영적 질병은 신앙과 삶의 불일치로 연결되었고, 사회에 대한 교회의 영향력은 축소될 수밖에 없었다. 교회를 향한 세상의 눈이 곱지 못한 것은 당연한 결과일 것이다. 생명을 바쳐 사랑과 희생 그리고 봉사의 삶을 사는 이들이 많지만, 세상의 소금과 빛으로서의 이미지를 잃어버린 것은 오늘 우리가 안고 가야 하는 슬픈 역설이다.

세상이 말하듯 우리가 믿고 있는 기독교가 과연 개인의 축복과 구원만을 추구하는 이기적 집단일까? 분명 아니다. 지금 세상은 교회에 대해 오해하고 있다. 그런데 이 오해는 세상이 아니라 교회에서 시작되었다. 따라서 문제의 해결은 교회에서 시작되어야 한다.

돌이켜 보면, 개혁과 갱신은 언제나 우리 앞에 놓여진 과제였다. 그런 만큼 이것은 어느 한 순간 이루어지는 것도, 누구나 감당할 수 있는 것도 아니다. 그럼에도 불구하고 누군가는 꼭 해야 할 일이다. 그렇다면 과연 누가 이 일을 감당해야 하는 것일까? 이 역사적 책임 앞에 선 우리의 모습은 어떠했는가?

교회 개혁과 갱신과 관련해 우리는 그 대상에서 '자신'을 제외시키는 어리석음을 반복해 왔다. 이제는 악순환의 고리에서 벗어나야 한다. 우리 모두가 개혁과 갱신의 대상이며 동시에 개혁과 갱신의 주체라는 것을 깊이 받아들여야 한다. 갱신은 바로 '나'로부터 시작된다.

'나는 목회자가 아니니까, 나는 직분을 받지 않았으니까.' 라는 핑계는 이제 그만두자. 하나님께서 선택하신 성도라면 그 누구라도 교회와 세상의 건강에 대한 책무를 피할 수 없다. 그리스도의 제자라면 그리스도처럼 사랑하고 그리스도처럼 봉사해야 한다. 이런 예수 닮은 제자를 길러내는 것이 제자훈련이다.

제자훈련은 가르침을 위한 교육이나 훈련이 아니다. 진정한 예수의 제자가 되기 위해 떠나는 여행이다. 길을 떠난 여행자들은 각자의 십자가를 지고 걷는다. 여행을 마친 후 어떤 모습으로 변해 있을지는 오직 주님만이 아신다. 이 책은 주님 되신 그리스도 예수와 함께 할 그 여행의 '준비서'이다.

제1장 '제자도'에서는 참 제자의 모습에 대해 이야기한다. 성경이 말하는 제자가 누구인지 알아보는 데 그 목적을 두고 있다. '제자'가 무엇인지 모르고 제자훈련에 임한다는 것은 목적을 잃고 길을 떠나는 것과 다르지 않다.

제2장 '십자가'에서는 주님이 요구하시는 제자의 삶이 어떤 것인지를 보여준다. 한편, 예수의 작은 제자로 살아가기 위해 요구되는 희생은 어떤 것인지를 알아본다. 예수께서는 제자로 살아가기 위해서는 스스로 낮아질 것을 명령하신다. 또한 섬김을 받는 자리가 아니라 섬기는 자리에 서야 함을 말씀하신다.

제3장 '제자들'에서는 로마서에 등장하는 평신도 사역자들을 통해 우리의 삶에 적용할 구체적인 모델을 살펴본다. 전 생애, 전 인격을 바쳐 복음을 증거하고 하나님을 예배하는 사람들, 목회자들보

다 더 헌신적으로 주님을 섬기는 사람들. 그들이 진정한 예수의 작은 제자들이다.

제4장 '대사명'에서는 예수를 따르고 이웃을 섬기는 데서 나아가, 또 다른 제자를 재생산하는 것에 대해 이야기한다. 이는 모든 믿는 자에게 주신 하나님의 목표이며, 우리가 달려가야 할 푯대이다.

건강한 교회를 만들어 보겠다는 생각으로 제자훈련 목회를 시작한 지 어느덧 30년이 흘렀다. 또한 제자훈련지도자세미나를 통해 동역자들에게 제자훈련 목회 철학을 소개한 지도 17년이 넘어간다. 그 동안 주님께서는 분에 넘치는 은혜와 감당하기 어려운 열매를 주셨다. 지금까지는 한국 교회의 묵은 땅을 갈아엎고 씨를 뿌리는 과정이었지만 정말 중요한 것은 지금부터다. 열심히 물 주고 가꾸면서 자라게 하시는 하나님의 은혜를 특별히 사모해야 하는 제자훈련 사역의 제2기를 맞이하고 있기 때문이다. 이제 아름답고 건강한 현장을 찾는 것은 그리 어려운 일이 아니다. 하지만 아직도 갈아엎어야 할 묵은 땅은 얼마든지 있다. 묵은 땅을 갈아엎고 씨를 뿌리고 물을 주는 일이 바로 '나'와 '당신'이 함께 해야 할 일이다. 예

수 그리스도의 제자가 되기 위해 수많은 동역자들과 함께 떠나는
이 여행이 한국 교회를 건강하게 하는 밑거름이 되기를 기대한다.

2003년 11월

옥한흠

추천사

옥한흠 목사님의 지난 30여 년간의 평신도 훈련에 대한 비전과 열정은 한국 교회에 커다란 족적을 남겼다. 그리고 시간 속에 파묻은 훈련의 씨앗은 이제 한국 교회와 사회 곳곳에 예수 그리스도의 제자물결을 이루고 있다. 이러한 때에 평신도를 위한 제자훈련 입문서 『길』이 출간되었다는 사실은 목회자와 평신도 모두에게 큰 기쁨과 격려가 되는 일이다.

- 최홍준 원로목사 (호산나교회)

옥한흠 목사님은 한국 교회가 낳은 가장 탁월한 목회자 중 한 분입니다. 그의 목회는 아름다운 조기 은퇴와 더불어 감동적인 리더십 이양을 통해 한국 교회의 귀감이 되었습니다. 뿐만 아니라 그의 사역의 꽃이라 할 수 있는 제자훈련 사역은 이미 『평신도를 깨운다」라는 책을 통해서 검증이 되었으며, 사랑의교회는 많은 후배 목회자들과 한국 교회의 모델이 되었습니다.

이제 그는 한국 교회의 모든 목회자와 평신도들을 향하여 또다시 애정 어린 책 한 권을 내놓습니다. 이 책은 제자훈련에 대해 가장 쉬운 말과 함축적인 언어와 뜨거운 열정으로 만들어진 책입니다. 나는 이 책을 읽으면서 목사님의 깔끔한 성품과 탁월한 영성과 한국 교회를 향한 뜨거운 사랑을 느꼈습니다. 제자훈련의 핵심가치에 대한 주옥같은 글들은 단순한 글이 아니라 그의 숨결이요 호흡입니다.

이 책은 한국 교회가 세계 교회의 문턱에서 새로운 비전과 비상의 날개를 펴는 지침서가 될 것입니다.

- 하용조 목사

자아상은 우리의 행동양식을 결정합니다. 우리는 자신이 믿는 대로 행동하게 됩니다. 한국 교회의 미래는 한국 교회 평신도의 어깨 위에 있습니다. 한국 교회 평신도의 자아상 인식은 바로 한국 교회의 미래적 과제입니다. 이 책은 제자훈련 입문서로 평신도의 자아상 정립을 위한 것입니다.

이 책은 평신도가 스스로를 일깨우도록 돕기 위한 훈련 교본입니다. 목회자가 평신도를 깨우는 것은 중요한 목회적 책임입니다. 그러나 스스로의 깨움 없이 훈련은 언제나 한계를 갖습니다. 이 책은 이런 한계를 넘어서서 평신도들이 대사명을 감당하도록 독려할 것입니다.

오늘의 한국 교회는 성숙과 좌절의 갈림길에 섰습니다. 그 결정은 교회 내 평신도 지도자들의 자각 여하에 달려 있습니다. 평신도가 일어서면 우리가 살고 있는 세상이 달라질 것입니다.

옥한흠 목사님은 『평신도를 깨운다』에 이어 이 역작을 펴내셨습니다. 깨워진 제자들이 제자의 길을 가는 것을 보고 싶어하는 갈망 때문입니다. 이 땅의 예수의 제자들이 작은 예수가 되어 하나님과 이웃을 사랑하여 자신을 드리기 시작할 때 한국 교회는 더 이상 취약한 교회가 되지 않을 것입니다. 그리고 한국 교회는 다시 한 번 세상의 빛과 소금이 될 것입니다. 이 책이 바로 이런 교회 회복과 세상 치유의 텍스트로 사용되기를 기대합니다.

- 이동원 원로목사 (지구촌교회)

차례

제1장 제자도

제자도는 이상적인 성도상(聖徒像)의 전부이다.
그것은 우리가 어떤 표준에 맞추어 살아가고
훈련받을 것인가를 가르쳐 주는 예수님 자신의 대답이다.
그래서 제자도는 이미 성경을 통해 모든 성도에게 열려 있는 명령이다.

제1장
제자도

성경에는 '제자도'(Discipleship)라는 말이 없다. 그리고 '제자'라는 말의 정의도 내린 적이 없다. 그 대신 무엇이 '제자'라고 불리는 사람의 인격이며 삶인가를 이야기하는 내용은 가득하다. 그래서 제자도에 대해 정의하는 것은 어렵거나 막연하지 않다.

"그러므로 너희는 가서 모든 족속으로 제자를 삼아 아버지와 아들과 성령의 이름으로 세례를 주고 내가 너희에게 분부한 모든 것을 가르쳐 지키게 하라 볼지어다 내가 세상 끝날까지 너희와 항상 함께 있으리라 하시니라"(마태복음 28장 18~20절).

한마디로 제자도는 이상적인 성도상(聖徒像)의 전부이다. 그것은 우리가 어떤 표준에 맞추어 살아가고 훈련받을 것인가를 가르쳐 주는 예수님 자신의 대답이다. 그래서 제자도는 신학자나 목회자만 깨달아 알 수 있는 특별한 지식이 아니라, 이미 성경을 통해 모든 성도에게 열려 있는 명령이다. 그리고 주님은 십자가를 통해 구원을 얻은 자라면 누구나 그 말씀을 깨달아 지킬 수 있도록 각 사람 안에 성령을 부어 주셨다.

그렇다면 성경이 말하고 있는 제자의 모습은 무엇인가? 누구를 제자라고 부를 것인가? 제자도를 이야기하기에 앞서 우리는 몇 가지 본질적인 이야기들을 짚어 보아야 할 것이다.

평신도는 누구인가

성경에는 평신도(平信徒)라는 단어가 나오지 않는다. 그러나 평신도라는 뜻을 가진 헬라어 '라이코스'(laikos)는 성경에서 자주 사용되는 '라오스'(laos)라는 말과 그 의미가 같다. 그렇지만 이 용어가 특정한 사람들을 가리켜 사용된 예는 전혀 없다. 포괄적으로 백성 전부를 가리킬 때 사용되었다.

그러므로 '평신도'의 본래의 의미는 주님에게 선택받은 자, 성도, 제자, 혹은 믿는 자의 공동체인 전(全) 교회를 지칭한다는 점을 먼저 명심해야 할 것이다. 평신도에는 목회자와 나머지 성도들을 갈라놓는 의미가 조금도 들어 있지 않다. 성경에서 사람들을 구별하는 조건으로 사용되는 것은 한 가지뿐이다. 그것은 세상 사람과 구별되는 자로서 하나님의 자녀라는 독특한 개성이다.[1]

다시 말하면 교회 안에는 하나님의 자녀들 가운데 구별하는 조건이나 근거가 전혀 없다는 것이다. 그러므로 성직마저 다른 성도들과 구별되는 잣대가 될 수 없다. 교회는 선택받은 사람들의 모임이며, 예수 그리스도를 믿는 자는 다 택함을 받은 하나님의 백성에 속한다. 하나님의 택함을 받은 자라는 점에 있어서 모두가 하나님 앞에 평등할 뿐이다. 이것은 교회가 어떤 특정한 계급이나 신분을 절대 용납하지 않는다는 것을 의미한다. 한 사람도 예외 없이 선택받은 자며 성도며 제자며 형제들이다.

또한 예수 그리스도를 믿는 자는 모두가 죄에서 놓인 자유인이다(로마서 6장 18~23절). 이제 그들은 자기 자신의 것이 아니라 그들을 해방시킨 그리스도의 소유가 되었다(고린도전서 6장 19절). 그러므로 성도는 누구나 성령으로 채움을 입은 성령의 사람이다. 성령께서는 교회의 전 공동체와 각 개인에게 임하셨고, 그 결과 전 교회가 다 새로운 피조물이 된 것이다. 성령을 모시고 있다는 점에서 목회자와 평신도는 전혀 차이가 없다. 성령으로 신령한 제사를 드

---

1. John Stott, *One People*, p.28.

리는 제사장[2]이라는 점에서도 둘은 구별이 되지 않는다. 따라서 전 교회의 구성원인 평신도는 엄연히 교회의 주체이며 교회라는 공동체 그 자체인 것이다. 목회자도 이 공동체에 포함된 일원이라는 입장에서 교회의 주체가 된다.

끝으로 바울[3]은 교회를 그리스도의 몸이라고 했다(에베소서 1장 23절). 이 몸의 머리는 그리스도요 그 지체는 성도들이다(고린도전서 12장 27절; 골로새서 1장 18절). 교회를 그리스도의 몸이라고 하는 것은 모든 성도가 지체로서 다 중요하며 각자가 고유한 기능을 가지고 있다는 것을 의미한다. 그들은 다 각자의 품위와 기능을 평등하게 소유하고 있다. 이 점에서 목회자와 평신도가 다르다고 말할 수 있는가?

성도들이 지체로서 서로 깊은 의존의 관계를 가지고 있다는 것은 서로 돕지 않으면 살아남을 수 없다는 것을 의미한다. 목회자가 평신도를 섬기는 것만 아니라 평신도가 서로 영적 봉사를 하는 사

---

2. 제사장: 구약 시대에 백성들을 대표해 하나님께 드리는 제사를 주관하던 성직자. 거룩히 구별된 삶을 살았다.
3. 바울: 본명은 사울로, 본래 열렬한 유대교도였다. 그리스도인들을 잡으러 가던 중 예수님을 만나 부르심을 받고 사도가 되어 이름을 바울로 개명했다. 평생 전 세계에 복음을 전하는 일을 했으며, 그가 교회들에 쓴 열네 편의 편지가 신약 성경에 포함되어 기독교 신학의 기틀이 되었다.

역의 책임을 지지 않으면 안 된다. 이런 목적을 위해 성령께서는 각 지체에게 은혜의 분량대로 은사[4]를 나누어 주신다(고린도전서 12장 11절). 은사에는 모두가 평등하다. 은사를 받는 데 예외가 없으며 은사 간의 차별도 없다. 각 지체가 이 은사를 통해서 몸을 고르게 하고 지체끼리 서로 돌아보게 된다(고린도전서 12장 24, 25절).

그러므로 평신도는 교회의 객체가 될 수 없다. 평신도는 정기적으로 예배에 나와 경건한 분위기에 잠깐 감명을 받고 돌아가는 관람객이나 교회 운영에 보탬을 주는 단골손님이 아니다. 더욱이 주인의 명령에 마지못해 움직이는 하인도 아니다. 평신도는 그 말의 본래 의미대로 하나님의 백성이며 교회의 주체다. 평신도와 목회자 모두가 직분에 상관없이 머리 되신 주님으로부터 소명을 받고 있다. 이 소명을 위해 성령은 각자 분수에 맞는 은사를 주어 몸의 지체로서 그 기능을 다하게 하신다.

사실 내 주위에는 평신도이면서도 목회자보다 더 예수님에게 미쳐 있는 사람들이 하나 둘이 아니다. 은행에 다니면서 자기가 전도한 170여 명의 영적 자녀들을 양육하고 언젠가는 세계를 복음으로 바꾸어 놓겠다는 거룩한 야망을 가지고 뛰는 평신도가 있다면 믿을

---

4. 은사: 하나님의 은혜가 말이나 행동을 통해 가시적으로 표출되는 것

수 있겠는가? 그는 은행에서 퇴근하면 월요일에는 직장인 성경 공부를 인도하고, 화요일에는 전도폭발 팀의 훈련자가 되고, 수요일에는 전도 대상자와 개인적인 교제를 나누고, 목요일에는 신우회, 금요일에는 리더 모임, 토요일에는 성경 공부반 전체 모임을 인도한 후 전도를 나간다.

그의 전도 방법은 독특하다. 예를 들면 테니스를 치는 것도 아니면서 테니스 치는 동료들에게 다가가 물도 갖다 주고 점수도 매겨 주고 간식까지 사다 주면서 섬기는 것이다. 그리고 운동이 끝나면 식사를 대접한다. 이런 식으로 섬기다 보면 복음을 전할 기회가 열리곤 한다는 것이다.

그의 꿈은 퇴직하고 나서 중국으로 건너가 의대에 입학하여 의술을 배우고 그것을 도구로 삼아 중국 전역을 돌면서 복음을 전하는 것이다. 그리고 70살까지 살 수 있다면 그때까지 전 세계를 누비면서 그리스도의 복음을 증거하고 싶어한다. 그는 자기가 세상을 떠난 다음에 자녀들이 "우리 아빠는 복음을 전하며 한생을 살다 가신 분이다. 나도 그러고 싶다."라는 말을 하게 되는 것이 소박한 자기 소원이라고 한다. 이런 사람을 누가 '평' 범한 '신도'라고 감히 부르겠는가.

그러나 불행하게도 아직 많은 평신도들이 잠을 자고 있다. 엄청난 저력을 가진 거인이 힘을 쓰지 못하고 있는 것이다. 물론 어느 교회나 열심히 헌신하는 평신도 그룹들이 있다. 그들의 봉사가 얼마나 귀하고 아름다운 것인가는 그들을 통해 지금까지 한국 교회에 내려 주신 하나님의 은혜를 보아 알 수 있다. 그러나 문제는 교회의 본질적인 사역에 직접 참여하고 있는 소수의 모범적인 평신도마저 목회자의 옷자락을 받들어 주는 시녀 역에서 더 발전하지 못하고 있다는 것이다.

대부분의 평신도들은 시간이 없다고 핑계를 댄다. 전문적인 교육을 받지 않아서, 전도하는 일이나 가르치는 일이나 상담을 하는 것은 신학교를 나온 목회자가 해야 한다고 생각한다. 세상에서 생업에 종사하면서 무거운 짐을 지고 사는 사람이라, 교회 안에서는 뒷자리를 지키며 시키는 일이나 적당히 하면 된다고 생각한다. 그 결과 에서[5]가 장자권을 가볍게 처분했듯이 하나님이 우리에게 주신 가장 중요한 소명을 포기해버리는 것이다.

'평신도'는 '전(全) 교회'라는 말과 같다. 평신도가 예배 드리는 자의 주체로 하나님 앞에 일대일로 서지 않는다면 이는 구원받은 개인이라는 사실을 인정하지 않는 것에 다름 아니다. 담임목사의 하

---

5. 에서: 구약 성경에 나오는 이삭과 리브가의 큰아들이며 야곱의 쌍둥이 형.

나님이 나의 하나님이요, 내가 드리는 기도가 하나님께 직접 상달되며, 세상에 피조물이 나 하나뿐이었다 할지라도 예수 그리스도는 십자가 상에서 피를 흘리셨을 것이라는 사실을 믿고 성도로서의 주체성을 가져야 할 것이다.

제자는 누구인가

예수님의 공생애[6]가 시작되면서 그분이 제일 먼저 하신 일은 제자들을 부르시는 일이었다. 그가 제자들을 택하신 이유는 그의 전도 사역을 계속해 나갈 그의 사람들이 필요했기 때문이다. "예수께서 필요로 하신 것은 그의 말이 그대로 인쇄된 산 교본의 구실을 할 수 있는 제자들이었다."[7] 그들은 실제적인 의미에서 예수님의 몸이 되었고 그들을 통하여 복음 사역이 계속되고 모든 사람들에게 전파되어야 했다.

예수님은 신중하게 제자들을 선택하셨다. 그 일을 위해 하룻밤을 기도로 보내지 않으면 안 되었다(누가복음 6장 12절). "이 사람들이야말로 떼어 놓을 수 없도록 예수님에게 묶임을 당하고 그의 참모

---

6. 예수님의 공생애: 예수님이 공적으로 사역하신 약 3년간의 기간.
7. 윌리엄 버클레이, 『예수의 사상과 생애』, p.89.

가 되고 돌격대가 되고 오른팔이 되기 위하여 선택된 것이다."[8] 그들은 하나님이 예수님에게 주신 자들이었기 때문에(요한복음 17장 6절) 예수님께서 하나님으로부터 받은 모든 진리의 말씀을 전부 다 전수받지 않으면 안 되었다(요한복음 17장 4절).

예수님은 세상에 계실 동안 일기 한 줄 남겨 놓지 않으셨고 자기를 기념할 돌비 하나 세워 놓지 않으셨다. 그가 남겨 놓은 유일한 유산은 그에게서 배운 저 무식하고 평범한 제자 몇 사람뿐이었다. 예수님은 소수의 제자들을 키우는 데 자신의 전 생애를 투자하셨다.

예수님이 직접 지목해서 부름을 받았고, 가장 가까운 자리에서 말씀을 들었고, 그분의 죽음을 경험했고, 부활하고 승천하시는 모습까지 목도했던 이 사람들은 세상으로부터 예수님의 제자라 불렸다. 그런데 예수님의 얼굴을 한 번도 마주 대한 적 없는 우리도 예수님의 제자라 불릴 수 있는 것일까? 예수님을 보지 못했다 하더라도 교회에서 제자훈련 과정을 수료하면 제자가 되는 것일까? 혹시 목회자나 선교사처럼 특별한 부르심을 받은 자들만이 제자라 불릴 자격을 가진 것일까?

예수님이 요구하시는 제자의 길은 예수님이 이 땅에 계실 당시

---

8. 윌리엄 버클레이, 『예수의 사상과 생애』, p.92.

지목하여 부르셨던 열두 제자와 현대를 살아가는 모든 성도들에게 동일하게 적용되는 교훈이다. 이 길은 성숙한 성도냐 아니냐에 따라 선택할 수 있는 사항이 아니다. 헌신한 자는 제자가 되기 위해 모든 것을 포기해야 하고 아직 헌신을 결단하지 않은 자라고 해서 대가 지불을 면제받을 수 있는 것이 아니다. 비록 모든 성도에게 똑같은 대가를 요구하지 않으셨다 할지라도 일단 예수를 믿고 무리 가운데서 앞으로 나온 사람이면 예수의 제자가 되는 길을 걸어야 한다고 주님은 말씀하신다.

사도행전을 보면 남녀를 가리지 않고 유대인,[9] 사마리아인[10]은 물론 심지어 이방인[11]들까지, 그리고 교회에서 리더십을 행사하는 지도자든 그렇지 아니한 평범한 성도의 한 사람이든 간에 예수를 주님으로 고백한 모든 사람이 다 제자라는 사실을 알 수 있다. 이 점은 모든 족속으로 제자를 삼으라고 하신 예수님의 대사명과도 일

---

9. 유대인:이스라엘 민족으로 유대교 신앙을 가진 자이며, 예수님과 그 복음을 대적하던 무리들.
10. 사마리아인:이스라엘 사마리아 지방에 살던 사람들로서 혼혈인이 많다는 이유로 유대인들에게 멸시와 박해를 받았다. 사마리아인들과 유대인들은 서로 말을 주고받지 않을 정도로 적대적이었다.
11. 이방인:유대인들이 이스라엘 민족 외의 사람을 통칭하는 말로 타 민족들의 우상과의 연관성 때문에 '하나님을 모르는 자들'이라는 의미를 내포하고 있다.

치한다. 그러므로 제자의 길은 예수님을 믿는 모든 사람이 걸어가는 길이요, 또 걸어가야 하는 길이다.

그렇다면 이제 갓 믿고 돌아온 초신자도 제자요, 세례를 받고 신앙 생활을 정식으로 하고 있는 자도 제자요, 열심히 배우면서 성숙하기를 힘쓰는 자도 제자임에 틀림없다. 그러나 영적 수준에서는 제자 간에 차이가 있는 것이 사실이다. 말씀의 훈련이 되어 있지 않은 사람보다 배우고 지키게 하는 훈련을 받은 사람이 제자의 삶에서 훨씬 앞서 있다는 사실은 부인할 수 없는 일이다. 그러므로 예수를 주로 고백한 사람은 제자가 되기 위해 훈련을 받는 것이 아니고, 제자이기 때문에 훈련을 받는 것이다.

그러나 '제자가 된다'는 말은 이 세상에 사는 동안 미완성으로 남게 되는 문제이다. 완전무결하게 예수를 닮았다고 주장할 수 있는 사람은 아무도 없기 때문이다. 제자도의 완성에는 항상 무엇인가 부족하다. 그리스도인은 '그리스도인이다'가 아니라 '그리스도인이 되어 가는 것'이다.[12] 그러므로 우리가 잊지 말아야 할 것은 계속 성장하고 성숙해야 한다는 사실이다. 주저앉아 일어나기를 싫어하는 자는 예수의 제자 된 자신의 신분을 돼지에게 던지는 것이나 다름없다.

---

12. 마이클 윌킨스 『제자도』, p.273.

주님의 인격을 따르는 자

제자의 개념에는 예수님께서 이 땅에서 사실 동안 그의 말씀과 삶의 모범을 가지고 보여 주신 '인격적 위탁자', '증인', '종'이라는 세 가지 중요한 요소가 들어 있다. 따라서 제자도는 이 기본 요소를 하나의 개념으로 표현하는 말이라고 할 수 있다. 주님의 제자도는 이 요소들이 제자의 실생활에 구현되는 산 진리이다.

먼저 제자도에는 예수님에게 우리 자신을 전적으로 내맡기는 '인격적 위탁'이 있다. 신약 성경에 나오는 제자의 의미를 고려해 볼 때, 우리는 전적으로 모든 것을 예수님에게 맡기지 못하는 사람을 절대로 제자라고 불러서는 안 된다. 성경은 예수님의 인격을 전적으로 신뢰하고 따르지 못하는 사람은 예수님에게 합당치 않다(가치가 없다)고 말한다(마태복음 10장 38절 이하; 16장 24절; 마가복음 8장 34절 이하).

"무릇 내게 오는 자가 자기 부모와 처자와 형제와 자매와 및 자기 목숨까지 미워하지 아니하면 능히 나의 제자가 되지 못하고 누구든지 자기 십자가를 지고 나를 좇지 않는 자도 능히 나의 제자가 되지 못하리라"(누가복음 14장 26, 27절).

　　예수님에게 전적으로 우리 자신을 내맡기는 인격적 위탁은 '나를 따르라' 는 주님의 부르심으로부터 시작된다(마태복음 4장 19절; 마가복음 1장 17, 20절). 그 부르심은 그를 따르는 자는 모든 것을 버려야 한다는 것을 전제하고 있다. 복음서[13]에서 예수님께서 자신을 따르라고 명령하실 때마다 모든 것을 포기하지 않고 주님을 따른 사람은 한 명도 없다. 포기를 못하는 자는 따라가지 못하였던 것이다(누가복음 18장 18~30절).

　　이 세상에서 그리스도의 새로운 왕국을 위해 복음의 증인으로 충성해야 할 예수님의 제자는 그가 치러야 할 대가를 미리 예상한다. 예수님은 따르는 무리들을 돌아 보시고 자기를 따를 자의 자격을 말씀하실 때 대가를 치러야 함을 숨기지 않으셨다. 건축을 하려면 사전에 공사비를 계산하는 것이 당연하며, 선전포고를 하기 전에 전비와 승산의 가능성을 미리 계산하지 않으면 이길 수 없다. 마찬가지로 제자로서 치러야 할 대가를 아는 자라야 주님을 따를 수 있다

---

13. 복음서: 신약 성경 중 예수님의 생애에 대해 남긴 기록. 마태복음, 마가복음, 누가복음, 요한복음 네 권으로 사복음서라고도 한다.

고 예수님은 말씀하셨다.

예수님의 제자가 치러야 할 대가에는 분쟁과 다툼도 있다. 자신과의 싸움뿐만 아니라 경우에 따라서는 가장 가까운 집안 식구와의 불화나 민족끼리의 전쟁도 겪게 된다(마태복음 10장 34~36절). 이것은 정상적인 가정 생활을 포기하라는 의미가 아니다. 예수님을 따르는 생활이 가정에서 걸림돌이 되어서는 안 된다는 말이다. "그리스도에게 합당한 경외를 돌리는 일이 사람의 애정으로 인해 억압당하지 않는 조건 안에서 남편이 아내를, 아내가 아들을, 아들은 아버지를 사랑하게 하자. 만일 우리의 애정이 그리스도를 따르는 데 방해가 된다면 과감하게 그 사랑을 물리쳐야 할 것이다."[14]

예수님의 제자가 치러야 할 대가는 거룩한 희생이다(마태복음 10장 37절). 하나님의 뜻과 환경의 요구가 항상 일치하는 것은 아니다. 예수님과 가족 가운데서 양자택일을 강요당하는 심각한 순간이 찾아올 수 있다. 존 번연[15]은 가족을 위해 신앙 양심을 버리든지, 예수님을 위해 형무소로 가든지 선택해야 할 기로에 섰을 때 가족을 포기하는 것이 얼마나 무서운 고통이었는지, 마치 뼈에서 살을 뜯어내는 것 같았다고 기록했다. 위대한 순교자들은 모두 선택의 기

---

14. John Calvin, *Commentary on a Harmony of Evangelicals*, Vol.I, pp.471, 472.
15. 존 번연: 기독교 역사상 성경 다음으로 많이 읽힌 『천로역정』의 저자.

로에서 예수님을 선택하는 희생을 감수했던 것이다.

"자녀이면 또한 후사[6] 곧 하나님의 후사요 그리스도와 함께한 후사니 우리가 그와 함께 영광을 받기 위하여 고난도 함께 받아야 될 것이니라"(로마서 8장 17절). 예수님이 고난의 길, 십자가의 길을 걸어 가셨는데 그의 제자가 다른 길로 돌아갈 수는 없는 것이다. 예수님의 고난은 제자들에게 본이 되었다.

예수님의 제자가 치러야 할 대가는 자신의 생명이다(마태복음 10장 39절). 주님을 따르는 신앙 생활에는 세상의 자기 안전이 우선이 될 수 없다. 그리스도의 제자는 그의 선생과 같이 하나님과 이웃을 섬기기 위해 세상에서 부름받은 자다. 그 목적을 위해서 자기 생명을 기꺼이 바칠 수 있어야 한다. 제자의 참 행복이 여기에 있다. 그것이 바로 자기 생명을 영원히 향유하는 길이기 때문이다.

"나의 달려갈 길과 주 예수께 받은 사명 곧 하나님의 은혜의 복음 증거하는 일을 마치려 함에는 나의 생명을 조금도 귀한 것으로 여기지 아니하노라"(사도행전 20장 24절).

"그가 우리를 위하여 목숨을 버리셨으니 우리가 이로써 사랑을 알고 우리도 형제들을 위하여 목숨을 버리는 것이 마땅하니라"(요한일

---

16. 후사: 대를 잇는 아들.

서 3장 16절).

주님을 따르는 데 장애가 되는 것들을 모두 포기해야 제자가 된
다는 말씀을 들을 때마다 우리 마음은 심히 근심하게 된다. 예수님
의 요구와 우리의 모습에는 큰 차이가 있기 때문이다. 이렇듯 제자
도를 이야기할 때마다 우리는 혼란이나 모순을 느끼지만, 절대 부
인할 수 없는 사실은 제자가 된다는 것이 예수 그리스도를 닮는 과
정을 의미한다는 것이다.

과정에는 아직 이루지 못한 것으로 인한 긴장이 늘 따라다닐 수
있다. 그리고 현재의 불완전함으로 인한 고통이 수반된다. 이것은
조금도 이상한 일이 아니다. 본질적으로 제자 됨이란 현세의 삶에
서 흠이 없는 완전함을 성취하는 것이 아니기 때문이다. 불완전함
에도 불구하고 계속해서 예수를 본받기 원하는 과정에 머물기를 기
뻐하는 사람이라면 그는 주님께 자신의 삶을 헌신하는 자라고 할
수 있다.

사도행전으로 돌아가 제자로 불렸던 초대 교회[17]의 성도들을 보
면 그들은 한결같이 예수님을 따른 자들이었으나, 어떤 형식으로 모
든 것을 포기하고 예수님을 따랐는지 일률적으로 결론짓기는 어렵

17. 초대 교회: 예수님이 부활하신 후 제자들에 의해 시작된 첫 교회들.

다. 예수님의 말씀을 글자 그대로 받아들여 열두 제자들처럼 가정과 직업까지 다 버린 사람들이었는가? 극소수의 예를 제외하면 그들은 그렇게 하지 않았다. 그럼에도 불구하고 그들은 주님에게 전적으로 헌신한 제자들이었다. 왜 그랬을까?

그들은 항상 주님의 뜻에 복종하는 것을 가장 중요하게 생각하고 행했기 때문이다. 그 복종의 형태가 어떻게 구체적으로 나타났는가는 각자의 형편에 따라 달랐다. 그것은 성령의 인도하심에 따라 결정되어야 할 문제였다. 그들은 종종 겪게 되는 모순이나 혼란 때문에 제자의 길을 포기하지 않았다. 그들에게 주인은 오직 예수님뿐이었고 그분을 향한 그들의 마음은 어린아이와 같이 단순하였던 것이다.

복음의 증인

예수님이 제자들에게 위임한 궁극적인 일은 그를 증거하는 것이었다. 주님은 세상에서 자기를 증거할 사람들을 불렀다. 그래서 누가복음과 사도행전에서는 증거 혹은 증인이라는 말이 제자로 부르셨다는 말과 같은 의미로 자주 사용된다. 누가[18]는 이 용어를 두 가지 의미로 사용하고 있다. 하나는 예수님의 십자가와 부활 사건을 직접 목격한 사도[19]들이 그것을 전하는 경우와, 다른 하나는 사도들의 증거를 듣고 믿게 된 사람들이 그것을 다른 사람 앞에서 고백하거나 전하는 경우이다.

스데반[20]은 사도들과 같은 직접적인 목격자가 아니었으나 증인으로 부르심을 받았다. 그는 얼마 후 순교자가 되었다. 증인이라는 말과 순교자라는 말은 같은 어원에서 나온 것이다. 당시에 예수님의 증인이 되는 자는 자기 생명을 잃을 각오를 하지 않으면 안 되었다. 스데반 역시 순교가 그를 증인으로 만든 것이 아니라 그의 증거가 그를 순교자로 만들었다.

제자와 증거가 얼마나 밀접한 관계를 가지고 있는지 알려면 복음서와 사도행전에서 '보내다'(apostello, pempo)라는 동사가 얼마나 자주 '제자'라는 말과 붙어서 사용되었는지 보면 된다. '보내다'

---

18. 누가: 의사로, 바울의 전도여행을 함께 하였으며 예수님의 생애에 관해 기록한 누가복음을 저술했다.

19. 사도: 부활하신 예수님을 경험하고 그 증인이 될 수 있는 사람들로 예수님의 열두 제자와 바울, 예수님의 친형제인 야고보(갈라디아서 1장 19절), 바나바(사도행전 14장 14절), 안드로니고와 유니아(로마서 16장 7절) 등이 사도로 불렸다. 이 밖에 실라(사도행전 15장 22절)와 에바브로디도(빌립보서 2장 25절)도 '사자'(사도)라고 불렸다.

20. 스데반: 초대 교회의 일곱 집사 중 한 명으로, 열심히 봉사하고 말씀을 전파하다가 유대인들의 손에 죽은 기독교의 첫 순교자. 이 사건으로 인해 이스라엘 전 지역으로 복음이 전해지기 시작했다.

라는 말은 무려 215번이나 사용되고 있는데, 거의 다 예수님이 제자들을 증인으로 파송하는 내용과 관계되어 있다.

그리고 누가는 제자들 가운데서 열두 명을 '사도'라는 특별한 이름으로 부르고 있는데, 이것 역시 '제자'는 '예수님의 증인'이라는 사실을 강력하게 시사하고 있다. 사도(apostolos)는 보냄을 받은 자라는 의미를 가지고 있기 때문이다. 제자는 어디까지나 보냄을 받은 자이지 보내는 자가 아니다. 성경에서 사도라는 말이 보내는 행위를 나타내기 위해 사용된 예는 한 곳도 없다.

초대 교회에서 제자라고 불리던 수천 명의 남녀들이 얼마나 열렬한 예수님의 증인들이었는지 찾아보는 것은 어려운 일이 아니다. 그들은 어떤 강요나 명령에 의해 예수님을 증거한 사람들이 아니었다. 사도들이 그들에게 전도하라고 명령하는 장면을 한 번도 발견할 수 없다는 것은 놀라운 일이다. 그들은 보고 들은 것을 말하지 않을 수 없도록 성령이 주시는 내적 충동이 있었던 것이다(사도행전 4장 20절). 이는 초대 교회 당시 아무도 말릴 수 없는 열정과 용기를 가지고 예수 부활을 외쳤던 증인들의 행동 기준을 설명할 수 있는 중요한 근거가 된다.

예수님을 증거하는 전도나 고백이 성령이 주시는 내적 충동에 의해 일어나는 것이라면 이것은 성령을 받은 모든 성도가 받게 되는 일반적인 현상으로 보아야 할 것이다. 성령은 하나님이 주신 선물이다(사도행전 2장 38절). 성령이 임하시면 누구나 권능을 받고 예수님의 증인이 될 것이라고 하였다(사도행전 1장 8절).

우리는 전도가 은사라는 주장을 자주 듣는다. 그러나 이것은 옳지 않은 견해이다. 은사는 봉사를 위해 성령께서 주권적으로 각 사람에게 알맞게 나누어 주시는 선물이다(고린도전서 12장 11절). 성경은 오순절에 제자들이 성령 받은 것을 은사라는 좁은 의미로 해석하지 않는다. 그 사건 속에 은사의 요소가 들어 있었던 것이 사실이지만 그 당시의 성령 임재는 은사 이상의 큰 의미를 가지고 있었다.

만일 전도가 은사라면 전도하지 못하는 책임을 전적으로 성령에게 돌려야 할 것이다. 그리고 전도를 전도의 은사를 받은 특정한 사람들의 전유물로 생각할 수 있을 것이다. 만일 우리가 전도를 은사라고 주장한다면 성령이 교회에 오신 목적과 그가 결정한 교회의 사도적인 본질을 제한하는 과오를 범하고 말 것이다.

우리 주변에는 입으로 예수님을 전하는 것을 은근히 경멸하면서 현대 사회에서는 말보다 행위로 전하는 것이 더 중요하고, 더 많은 효과를 거둘 수 있다고 주장하는 사람들이 적지 않다. 그러나 여기서 다시 한 번 기억하는 것이 좋을 것이다. 말로 전하지 않는 증거는 성경이 의미하는 증거가 될 수 없다. "전하는 자가 없이 어찌 들으리요"(로마서 10장 14절). 왜 들을 수 없는가? 그 행동이 아무리 선하고 아름답다고 할지라도 말하지 않는 증거에는 구체적인 예수의 복음이 빠져 있기 때문이다.

오늘날 우리의 문제는 입을 봉하고 있기 때문에 행위에서까지 악취가 난다는 것이다. 예수님을 입으로 증거하는 사람치고 그 행위를 예수님과 같이 선하게 가지려고 노력하지 않는 예를 본 일이 있는가? 제자훈련은 우리의 마음속에 살아 계신 예수 그리스도가 충만하도록 이끌어 주는 과정이다. 그래서 이 과정을 거치는 우리는 예수님을 기쁘게 자랑하고 고백하게 될 뿐 아니라 우리 자신의 인격과 삶에도 그리스도의 향기가 가득히 묻어나게 된다. 여기에 제자훈련의 궁극적인 목표가 있는 것이다.

섬기는 종

종이라는 말은 낮은 신분을 나타내는 것으로, 제자가 된 사람이 그리스도 안에서 어떤 사람이 되어야 하는가를 이야기한다. 또한 '섬기다'라는 말은 신분보다 기능을 강조하는 것으로, 그리스도를 자기의 주인으로 모신 제자의 생활이 어떠해야 하는가를 가르쳐 주고 있다.[21] 제자에게 종의 직분은 예수님이 보여 주신 모범이므로 피할 수가 없다. 예수님은 종의 몸을 입고 세상에 오셨다(빌립보서 2장 7, 8절). 그리고 그는 종으로 한 세상을 사셨다. "나는 섬기는 자로 너희 중에 있느니라"(누가복음 22장 27절).

예수님의 전 생애는 이 세상을 사랑하여 자기를 아끼지 아니하고 희생하는 헌신의 과정이었다. 마지막 유월절[22] 저녁 식사 자리에서 교만으로 목이 굳어 있던 제자들의 발을 손수 씻기면서 섬김의 본을 보이신 것은 자신을 따르는 제자란 다른 사람이 아니라 섬기는 자라는 것을 행동으로 가르치신 산교육이었다. "내가 주와 또는 선생이 되어 너희 발을 씻겼으니 너희도 서로 발을 씻기는 것이 옳으니라 내가 너희에게 행한 것같이 너희도 행하게 하려 하여 본을 보였노라"(요한복음 13장 14, 15절).

예수님께서 십자가에서 자기 생명을 버린 것은 종으로서의 참 모습을 마지막으로 확증하신 것이다. "인자의 온 것은 섬김을 받으려 함이 아니라 도리어 섬기려 하고 자기 목숨을 많은 사람의 대속물로 주려 함이니라"(마가복음 10장 45절).

---

21. T. F. Torrance, *Service in Jesus Christ*, pp.1, 2.
22. 유월절:이스라엘 민족이 애굽을 탈출하던 날을 기념하여 지키는 날로, 이스라엘 민족을 대신하여 죽은 유월절의 속죄양은 그리스도를 뜻한다.

제자의 복은 자신이 예수님의 종이며 주인보다 높지 못하다는 것을 알고 그대로 실천하는 데 있다. 아무리 섬기고 또 섬겨도 자기는 자랑할 것이 없는 무익한 종이라는 사실을 항상 잊지 않는 데서 제자의 영광이 따라 온다. "이와 같이 너희도 명령 받은 것을 다 행한 후에 이르기를 우리는 무익한 종이라 우리의 하여야 할 일을 한 것뿐이라 할지니라"(누가복음 17장 10절).

　제자가 종 되신 예수님의 일에 동참하는 길은 고난당할 준비를 하는 데 있다. 예수님께는 종이 되는 것과 십자가를 지는 것이 다르지 않았다. 제자의 사명은 생명을 잃을 각오를 하지 않으면 완수할 수 없다. 예수님께서 그의 제자들을 보내신 곳은 세상 임금이 주관하는 악한 세상이다. 그래서 종은 주인이 마시는 잔을 함께 마셔야 하고(마태복음 20장 23절) 주인과 같이 환난을 당할 각오를 해야 한다(요한복음 16장 33절). 이런 의미에서 "그리스도께서 사람을 제자로 부르신 것은 죽으라고 부르신 것이다."라는 말은 지나치지 않다.[23]

　그러므로 종 된 제자의 입장에서는 생명을 내놓는 것이 사는 길이요, 생명을 아끼는 것은 죽는 길이 된다(마태복음 16장 24, 25절).

---

23. D. Bonhoeffer, *The Cost of Discipleship*, p.79.

다시 말해 종과 고난은 함수관계를 가지고 있는 것이다. 종 된 직분은 예수님을 따르는 제자의 인격과 삶에 부분적으로 위임된 것이 아니라 완전하게 위임된 것이며, 가끔씩 이행할 일이 아니라 계속적으로 실천해야 할 일이다. 종으로서 고난받은 것은 제자도의 보증서나 다름없다(요한복음 15장 19절).

또 한 가지 잊지 말아야 할 것은 제자는 자원하여 종으로 섬긴다는 점이다. 제자는 억지로 끌려 온 노예가 아니다. 그는 기쁨으로 예수님의 종이 되는 사람이다. 구약 성경을 보면 주인을 사랑해서 자원하여 평생 그를 섬기는 종들이 있었다. 그들은 송곳으로 자기 귀에 구멍을 뚫고 다녔다. 할 수 없어 억지로 주인을 섬기는 자가 아니라 사랑하기 때문에 기쁜 마음으로 섬기는 종이라는 사실을 모든 사람에게 표현한 것이다(출애굽기 21장 5, 6절).

예수님의 제자는 종이지만 자원하여 자기 귀에 구멍을 뚫은 종이다. 억지로 섬기는 자가 아니기 때문이다. 예수님의 제자는 자기 입의 말로 자신을 사랑의 법에 얽어매어 놓은 사람이다. 그러나 그것을 결코 무거운 짐이라고 생각지 않는 사람이다. 오히려 주님을 따르는 것을 즐거움이요, 축복으로 알고 감사하는 사람이다.

교회의 권위는 대접받는 데서 생기는 것이 아니라 섬기는 데서 생기는 것이라는 사실을 우리는 종종 망각한다. 신앙 경력을 자랑하는 사람일수록, 믿음 좋다고 소문난 사람일수록, 새벽부터 기도 많이 한다는 사람일수록 종으로 섬기시던 예수님을 더 많이 닮아 가야 정상인데 실제로는 그 반대인 경우가 너무 흔하지 않은가. 직분을 내세우며 연륜을 내세우며 심지어는 세상 권력을 내세우며 교회에서 상석을 차지하려는 자들이 너무 많지 않은가.

이처럼 세상 원리가 하나님 나라 원리를 대신하는 우리네 교회에서는 세속적인 냄새가 끊임없이 피어오른다. 자연히 전도의 문을 막고 예수의 제자 되기를 스스로 포기한 자들이 큰소리를 치는 이상한 자리가 되는 것이다. 제자훈련이 무엇인가? 이와 같은 고질적인 병을 치유하는 것이다. 제자훈련은 목회자와 평신도 모두를 낮은 자리로 내려앉게 하는 성령의 사역이다. 제자가 되어 가는 길은 종이 되어 모든 것을 드리고 생명까지 드리는 길이다.

우리는 지금까지 제자의 세 가지 요소에 대해 검토해 보았다. 누구든지 인격적 위탁자, 증인, 섬기는 종으로서의 요소들을 인격과 삶에서 온전하게 갖출 수 있다면 세상은 그에게서 예수님을 볼 수 있게 될 것이다. 제자훈련의 절정은 우리를 투명하게 만들어 예수님이 투영되게 하는 데 있다. 다른 말로 하면 작은 예수로서의 변화와 성숙을 세상이 볼 수 있게 하는 데 있다.

따라서 담임목사나 소그룹 지도자의 제자를 만들거나 목회의 한 방법으로 제자훈련을 하는 것이 아니다. 인격의 도야를 위해서나 교회 생활에 빨리 적응하기 위해, 혹은 성경적 지식을 습득하기 위해 제자훈련을 받으려 한다면 잘못 생각해도 한참 잘못 생각한 것이다. 제자의 삶의 초점은 온전히 예수님께 맞추어져야 하며, 제자훈련 역시 이러한 제자의 삶을 살아가기 위한 연속선상에 놓여 있는 과정을 일컫는 것이다.

제자훈련은 책상 앞에서 이루어지는 것이 아니라 삶 속에서 일어나는 역사이며, 예수님을 믿기 위해 받는 것이 아니라 부르심을 받은 제자의 삶을 살기 위해 받는 것이다. 목표는 저 앞에 있다. 따라서 제자훈련은 훈련받는 자의 인격이 예수님을 닮아 가는 과정이다. 초대 교회 성도들이 '작은 그리스도'라는 별명을 얻었던 것처럼 모든 성도들은 예수화되어야 한다. 우리가 이미 살펴본 바와 같이 제자훈련은 무엇보다 사람을 바꾸어놓는 작업이 되어야 하며, 훈련의 과정에서 인격적 위탁이 중요한 이유가 여기에 있는 것이다. 말씀과 성령의 감화를 가지고 온전한 삶을 살게 되어야 한다(디모데후서 3장 16, 17절).

이런 의미에서 제자훈련은 지도하는 목회자나 훈련을 받는 평신도가 다 같이 동참하는 일종의 영적 몸부림이라고 할 수 있다. 우리가 육신을 입고 사는 이 세상에서는 아무도 완전하게 그리스도를 닮을 수 없다. 우리 모두는 똑같이 노상(路上)에 있는 자들인 것이다. 아직 흠과 티가 없는 완전의 경지에 이르지 못하고 있다. 성령의 손에 부서지고 녹아져서 예수님의 모습으로 다시 빚어지는 과정에 있는 자들이다.

예수 그리스도만이 제자훈련의 주제이며 표준이며 목표이다. 제자훈련에서 예수님을 빼버리면 남는 것이 하나도 없다. 제자훈련은 그 자체가 거듭나는 진통이요, 통회하고 자복하는 골방이요, 하나님의 은혜에 매달리는 겟세마네 동산인 것이다. 이 사실을 알면 제자훈련을 몇 권의 교재를 마스터하는 프로그램으로만 오해하지는 못할 것이다.

나의 직업이 무엇이든, 내가 사는 환경이 어떠하든 간에 머무는 그곳에서 하나님의 이름이 거룩히 여김을 받을 수 있고 하나님의 뜻이 이루어지도록 최선을 다하는 소명자가 되는 과정이 제자훈련이다. 교회가 정해 놓은 커리큘럼을 따라 2~4년 동안 정해진 시간에 모여서 공부하는 자리가 제자훈련의 전부가 아니다. 제자훈련은 평생에 걸쳐 개인에게 일어나야 하며, 이러한 성숙을 위해 교회가 모범적인 훈련의 장을 마련한 것이 제자·사역훈련이나 전도 훈련, 기도 훈련 등이다. 그리고 하나 더 명심해야 할 것은 제자훈련은 성도 개인이 성경의 가르침을 따라 자발적으로 훈련받는 과정이라는 사실이다.

주님은 우리 모두를 개인으로, 그리고 전 교회로 부르셨다.

제2장 십자가

길가에 주저앉아 기도가 힘들다는
배부른 소리는 하지도 말라.
기도하지 않고도 십자가를 질 수 있다는 교만은
내 힘으로 구원받을 수 있다는 교만과 같다.

제2장
십자가

우리는 모두 제자이다. 한 분의 스승에게 한 가지 말씀으로 가르침을 받으며, 한 분의 주님을 섬긴다. 그리고 한 길, 제자의 길을 걷는다. 그러나 각자가 이 길을 걸으며 치르는 대가, 즉 헌신의 정도에는 차이가 있다. 그리고 대가를 치를 각오를 하고 제자의 길을 걸어가는 사람과 그렇지 않은 사람의 결과적 차이는 엄청나다.

예수님에게 영생을 구했던 한 관원은 영생을 위해서는 모든 것을 버리고 예수님을 따라야 한다는 대답을 듣고 고민에 휩싸여 돌아섰다. 그는 큰 부자였기 때문이다(누가복음 18장 18~23절). 그가 포기해야 했던 것은 재물이지만 이것은 당신이 가지고 있는 그 소중한 것에도 동일하게 적용된다.

"이에 예수께서 제자들에게 이르시되 아무든지 나를 따라 오려거

든 자기를 부인하고 '자기' 십자가를 지고 나를 좇을 것이니라"(마
태복음 16장 24절).

각자의 십자가의 모양은 다를 수 있다. 그러나 중요한 것은 우리
모두에게는 자기가 져야 할 십자가가 있다는 것이다. 이것은 목회
자가 대신 져 줄 수 있는 것도 아니요, 가족이 대신 져 줄 수 있는
것도 아니다. 바로 내가 져야 할 십자가이다. 그리고 감사한 것은
우리가 지고 갈 십자가의 무게보다 받게 될 영광이 더 크다는 사실
이다.

  "우리가 그와 함께 영광을 받기 위하여 고난도 함께 받아야 될 것
  이니라 생각건대 현재의 고난은 장차 우리에게 나타날 영광과 족히
  비교할 수 없도다"(로마서 8장 17, 18절).

바울에게, 그리고 바울의 편지를 받은 로마교회 성도들에게 각자
의 십자가가 있었던 것처럼 우리에게도 우리의 십자가가 있어서 이
것을 지고 예수님을 좇아야 할 사명이 있다. 그리고 그 후에 주어
질 영광은 이제껏 지고 온 십자가와는 비교도 할 수 없을 만큼 엄
청난 것이라는 사실이 우리에게 큰 위로가 된다.

우리와 똑같은 예수님의 제자이지만 앞서 부르심을 받았던 열두 명의 제자는 어떻게 모든 것을 버리고 주님을 따랐는가? 그리고 당신은 어떻게 모든 것을 버리고 주님을 따를 것인가?

첫 번째 제자들

　제자들은 특별한 기준을 가지고 선택되지 않았다. 다만 주님이 부르실 때 '모든 것을 버리고' 따르는 자가 제자가 될 수 있었다. 수많은 사람들이 예수님의 주위를 맴돌았지만 제자로 부르심을 받은 자들은 많지 않았고, 부르심에 따르지 않은 자들도 있었다. 부르심을 받았을 때, 곧 모든 것을 버리고 일어나 따르는 자만이 제자가 될 수 있었다. 부르심의 기회는 단 한 번이었다.

　예수님이 가장 먼저 부르신 베드로[1]와 그의 형제 안드레[2]는 일

---

　1. 베드로: 형제 안드레의 인도로 예수님을 만났으며, 열두 제자 중 하나로 적극적인 성격을 갖고 있었으나, 예수님이 잡히시던 밤에 예수님을 세 번이나 부인하는 등 나약한 모습도 보였다. 하지만 예수님이 부활하신 후 제자로서의 사명을 부여받아, 능력 있는 사도의 삶을 살다가 로마에서 순교한 것으로 보인다. 베드로는 교육을 제대로 받지 못한 사람이었지만 성령의 능력으로 힘 있게 복음을 전하였고 베드로전서와 베드로후서를 기록했다.
　2. 안드레: 세례 요한의 제자였으며 예수님의 제자로 선택된 첫 번째 사람이다. 그는 어부로 생계를 꾸리면서 형 시몬과 함께 동업을 했으며, 그를 예수님께

하던 자리에서 '그물을 버려두고' 예수님을 따라갔으며, 야고보[3]와 그의 형제 요한[4]은 아버지 세베대와 함께 배에서 그물을 깁다가 예수님이 부르시자 '곧 배와 부친을 버려두고' 예수님을 따라갔다(마태복음 4장 18~22절). 그리고 세금징수원이던 레위[5]는 세관에 앉아서 일을 하다가 예수님이 부르시자 '모든 것을 버리고' 일어나 예수님을 따라갔다(누가복음 5장 27, 28절).

제자들이 예수님의 음성을 듣자마자 앉아 있던 자리에서 손에 쥐고 있던 모든 것을 '곧' 버리고 일어나 따르는 모습은 이해하기 힘들 만큼 아무렇지도 않게 묘사되고 있다. 이들은 부르심을 받기 전 마음의 준비를 할 기회가 없었으며, 부르심을 받은 후에도 전혀 고

───────────────

인도해서 함께 제자로 부르심을 받았다.

3. 야고보: 세베대의 아들로, 갈릴리 호수에서 물고기를 잡다가 예수님의 부르심을 받았다. 예수님으로부터 '우레의 아들'이라는 별명을 얻었던 그는 예수님을 정치적인 메시아로 생각하여 세상적인 지위를 구하던 사람이었으나 예수님의 부활을 경험한 후 죽기까지 복음을 전하는 사람으로 변해, 열두 제자 중 처음으로 순교했다.

4. 요한: 예수님의 제자로 야고보의 동생이었다. 예수님의 총애를 받았던 제자 중 하나이며 예수님의 빈 무덤을 직접 목격한 사람이었다. 사랑의 사도라 불리우며, 요한복음과 요한일·이·삼서, 요한계시록을 기록했다.

5. 레위: 당시 유대인들에게 멸시 받던 세리였던 레위는 세관에 앉아 있다가 예수님이 부르시자 곧장 따라나섰다. 그는 예수님을 위해 자기 집에서 잔치를 벌였으며, 이로 인해 예수님은 유대인 종교 지도자들에게 비판을 받으셨다(누가복음 5장 27~32절).

민하지 않고 재산과 직업과 심지어 가족까지 버리고 맨몸으로 주님을 따라나섰던 것이다.

이처럼 부르심은 갑작스럽게 다가올 수 있다. 그러나 과감히 '곧' 일어선 사람에게는 말할 수 없이 큰 영광이 기다리고 있다.

"베드로가 여짜와 가로되 보소서 우리가 모든 것을 버리고 주를 좇았나이다 예수께서 가라사대 내가 진실로 너희에게 이르노니 나와 및 복음을 위하여 집이나 형제나 자매나 어미나 아비나 자식이나 전토를 버린 자는 금세에 있어 집과 형제와 자매와 모친과 자식과 전토를 백배나 받되 핍박을 겸하여 받고 내세에 영생을 받지 못할 자가 없느니라"(마가복음 10장 28~30절).

금세, 즉 이 세상에서도 버린 것을 백배나 다시 받겠지만 고난을 겸하여 받는다고 하였다. 그리고 그보다 더 귀한 것은 반드시 천국에서 영생을 얻으리라는 말씀이다. 그래서 우리에게는 손에 쥔 모든 것을 버리고 자신의 십자가를 지고 주님의 뒤를 따를 이유가 있는 것이다.

---

6. 가룟 유다: '하나님 찬양'이라는 이름과는 반대로 예수님을 은 30개에 팔아 버린 제자다. 유대인 종교 지도자들에게 예수님을 판 후 양심의 가책을 받아 목을 매어 죽었다.

예수님의 열두 제자 중 가룟 유다[6]와 요한을 제외한 제자들은 모두 예수님을 따랐다는 이유만으로 십자가에 거꾸로 못 박히거나, 십자가에 줄로 매달려 죽거나, 칼로 목이 베이거나, 끓는 기름솥에 들어가는 등의 극형을 당했다. 또는 기둥에 매달려 죽거나, 창에 맞아 죽거나, 활에 맞아 죽거나, 돌에 맞아 죽거나, 성전 꼭대기에서 떨어져 죽기도 했다.

　열두 제자에 속하지는 않았으나, 바울 역시 예수님의 증인이라는 이유로 격렬한 인생을 살았으며, 후에 순교를 당했다. "내가 수고를 넘치도록 하고 옥에 갇히기도 더 많이 하고 매도 수없이 맞고 여러 번 죽을 뻔하였으니 유대인들에게 사십에 하나 감한 매를 다섯 번 맞았으며 세 번 태장으로 맞고 한 번 돌로 맞고 세 번 파선하는데 일주야를 깊음에서 지냈으며 여러 번 여행에 강의 위험과 강도의 위험과 동족의 위험과 이방인의 위험과 시내의 위험과 광야의 위험과 바다의 위험과 거짓 형제 중의 위험을 당하고 또 수고하며 애쓰고 여러 번 자지 못하고 주리며 목마르고 여러 번 굶고 춥고 헐벗었노라"(고린도후서 11장 23~27절).

　제자들을 박해하고 죽인 자들은 이들의 결국을 보고 이제 예수의 시대가 끝났다고 비웃었겠지만, 2,000년 후에 이렇게 많은 성도들이 제자의 길을 걷게 될 줄은 예상치 못했을 것이다. 이들이 흘린 순교의 피를 따라 지금 우리가 제자의 길을 걷고 있는 것이다.

그러나 요즘 한국 교회에서 제자가 되는 것은 그리 어렵지 않은 듯하다. 많은 사람들이 받을 영광만 바라고 제자의 길로 성큼 들어선다. 그러나 십자가는 영광의 물건이 아니다. 십자가는 '죽음'의 징표이다. 내 십자가를 진다는 것은 나를 죽이고 내 대신 예수께서 사셔서 내 모든 의지를 스스로 박탈하는 것이다. 이것은 목숨을 걸고 예수님을 믿었던 초대 교회 성도들에게만 해당하는 것이 아니라 교회가 지천인 이 땅의 성도들에게도 동일하게 요구되고 있다.

작은 예수로 살아가는 삶

우리는 각기 다른 모양의 십자가를 지고 가지만, 목적지는 같다. 목적지가 같은 만큼 우리에게는 많은 길동무들이 있다. 같은 모습으로 닮아 가는 자매와 형제들이 있는 것이다. 세상 사람들은 우리를 보며 예수님을 보고, 우리가 스칠 때 예수님의 향기를 맡는다. 우리는 작은 예수다.

예수님은 복 있는 자가 되려면 마음을 비우고, 슬퍼할 줄 알며, 온유하며, 남을 불쌍히 여기며, 마음이 깨끗하고, 화평케 하며, 의를 위해 굶주리고 목말라야 한다고 말씀하셨다(마태복음 5장 3~12절). 예수님을 닮기를 사모하는 사람은 날마다 이 교훈의 거울에 자기를 비춰 보면서 순종하지 않으면 안 된다.

오늘날 세상 사람들의 눈에 비치는 우리들의 이미지는 너무 참담하다. 그들의 눈에 우리는 예수님을 믿지 않는 자들과 전혀 다를 게 없다. 성경을 들고 있다고 해서 우리를 특별하다고 생각하지는 않는다. 어쩌다 이 지경까지 이르렀을까. 예수님을 닮아 가야 하는 거룩한 목표를 상실했기 때문이다. '너무 비현실적인 목표야. 이대로 사는 사람이 어디 있겠어. 믿음만 있으면 구원받는데…' 하는 등의 변명을 늘어놓으면서 예수님을 닮는 우리의 목표를 마치 응접실에 걸어 놓은 액자처럼 쳐다만 보며 신앙생활을 하는 데 그 원인이 있다.

예수님의 복 있는 사람의 조건에 대한 메시지는 분명하다. 예수님의 제자는 하늘에 계신 하나님과 같이 온전해야 한다는 것이다. 세상에서 부름받은 제자는 땅에서부터 예수님을 닮는 것을 목표로 삼아 열심히 오르는 자가 되어야 한다는 것이다.

내세의 구원을 외치는 자는 많지만 예수님의 제자가 되자고 외치는 자는 많지 않은 것이 우리의 현실이다. 세상 사람들의 눈에 비친 우리의 모습이 이러한 현실을 잘 설명하고 있지 않은가. 흠이 없는 자가 되어야 한다는 말이 아니다. 우리가 오를 정상이 어디인지를 분명히 하자는 것이다. 그 정상은 '작은 예수'가 되는 것이다. 그렇게 되려고 흉내라도 내야 한다. 행함이 없는 믿음은 죽은 믿음이다(야고보서 2장 26절).

영국의 어떤 술집 주인이 빌리 그레이엄 목사의 전도집회에서 복음을 듣고는 마음의 변화를 얻어 "나, 예수 믿겠습니다." 하고 벌떡 일어나 앞에 나가서 무릎 꿇고 기도하고 돌아갔다. 그러고는 곧바로 자기 술집 앞에 간판을 하나 붙였는데, "나, 엊저녁에 예수 믿었소. 오늘부터 술집 영업 안 합니다."라고 써놓았다고 한다.

이것이 믿음이다. 어제와 오늘의 인생이 완전히 바뀌는 것이 믿음이다. 이것은 기적처럼 저절로 일어나는 현상이 아니라 우리의 의지를 통해 행동으로 드러나는 믿음의 과정이다.

"너는 믿음이 있고 나는 행함이 있으니 행함이 없는 네 믿음을 내게 보이라 나는 행함으로 내 믿음을 네게 보이리라"(야고보서 2장 18절).

아브라함[7]이 믿음의 조상으로 인정받게 된 데에는 그의 마음속

---

7. 아브라함:이스라엘 역사의 핵심적인 인물이며, 믿음의 조상으로 이름은 '열

믿음뿐 아니라 행동으로 드러나는 믿음을 하나님이 보셨기 때문이다. 아브라함은 100세에 아들을 주신 이가 죽은 아들을 능히 살리실 수도 있다고 믿었다. 그래서 그는 늘그막에 얻은 아들을 바침으로 아들보다 하나님이 자신의 우선순위에 있음을 행동으로 증명했고, 그로 말미암아 우리의 신앙의 뿌리이며 믿음의 조상이자 하나님의 친구로 일컬음을 받았다.

제자로 사는 것은 제자처럼 생각하거나 제자처럼 말하는 것이 아니다. 자기 십자가를 '지고' 예수님이 사신 모습을 따라 '사는' 것이다. 이것이 제자훈련의 핵심이다. 그러나 현대 교회의 성도들은 예수님처럼 변하는 것은 점진성을 가지고 마지막 날에나 이루어지는 것이라는 점만 강조하여, "우리는 모두 인간인데…" 하며 눈감아 주는 현실주의에 곤두박질치고 있는 실정이다. 이것이 바로 우리 한국 교회에 냄새가 진동하는 이유 중 하나일 것이다. 작은 예수가 되라는 명령은 목회자뿐 아니라 모든 믿는 자에게 요구하시는 하나님의 표준이다.

국의 아비'라는 뜻이다. 메소포타미아의 도시 우르에서 출생하였고 하나님 한 분만을 섬기기 위해 고향을 떠났다. 이때 하나님은 그가 복의 근원이 될 것이라고 말씀하셨는데, 그로부터 25년 후인 100세가 되던 해에 아들 이삭을 낳았다. 그리고 그는 이삭을 제물로 바치라는 하나님의 시험에 합격했으며, 175세에 사라가 묻힌 헤브론에 있는 막벨라 굴에 묻혔다.

맥스 루케이도[8]는 이렇게 말했다. "하나님은 당신을 있는 그대로 사랑하신다. 그러나 그대로 두지는 않으신다. 하나님은 당신이 예수님처럼 되기를 원하신다." 헨리 나우웬[9]은 더 강하게 이야기한다. "진정한 구원은 그리스도가 되는 것이다. 진정한 구원은 우리가 예수 그리스도가 되는 것이다." 이것은 마지막 날에 얻게 될 변화를 이야기하는 것이 아니다. 지금 우리가 있는 자리에서 우리의 모습을 말하는 것이다.

"그러므로 하늘에 계신 너희 아버지의 온전하심과 같이 너희도 온전하라"(마태복음 5장 48절). 이것이 주님이 우리에게 요구하시는 수준이다. 원수를 사랑하라는 명령도 부담스러워하는 우리에게 주님은 온전하라고 명령하신다. 이 명령에 따르려고 몸부림치지 않는 한 우리가 배우고 외우는 말씀들은 결국 우리 입에서 맴도는 메마른 구호에 지나지 않을 것이다.

---

8. 맥스 루케이도(Max Lucado, 1955~) : 미국 텍사스 주 산안토니오 소재 오크힐 그리스도교회의 목사이며, 미국에서만 1,500만 부 이상 판매 기록을 가진 미국 기독 출판계 최고의 베스트셀러 작가. 대표작으로 『예수님처럼』(복있는사람), 『예수가 선택한 십자가』(두란노), 『너는 특별하단다』(고슴도치) 등이 있다.

9. 헨리 나우웬(Henri Nouwen, 1932~1996) : 가톨릭의 사제이며 심리학자. 오랫동안 예일대학교와 하버드대학교 심리학과 교수로 재직했다. 대표작으로 『상처 입은 치유자』, 『영적 발돋움』, 『춤추는 하나님』(이상 두란노) 등이 있다.

하나님을 사랑하는 삶

"모든 계명 중에 첫째가 무엇이니이까 예수께서 대답하시되 첫째
는 이것이니… 네 마음을 다하고 목숨을 다하고 뜻을 다하고 힘을
다하여 주 너의 하나님을 사랑하라 하신 것이요 둘째는 이것이니 네
이웃을 네 몸과 같이 사랑하라 하신 것이라 이에서 더 큰 계명이 없
느니라"(마가복음 12장 28~31절).

유대인들에게는 해야 하고, 또 하지 말아야 할 수많은 법이 있었
다. 그리고 그것을 가르치던 한 종교인이 예수님에게 와서 그 중 가
장 큰 계명이 무엇이냐고 물었다. 예수님은 단 두 가지 계명을 말
씀하셨다. "네가 네 몸을 사랑하는 것같이 하나님을 사랑하고, 또
그와 같이 이웃을 사랑하여라."

사랑하는 것은 행복하고 좋은 것인데, 제자가 되고 자기 십자가
를 지는 어려운 헌신과 무슨 상관이 있느냐고 물을지도 모르겠다.
그러나 하나님을 사랑하고 이웃을 사랑하는 것이 사람이 자고 일어
나 밥을 먹는 것처럼 자연스러운 일이었다면 예수님은 십자가에서
돌아가시지도 않았을 것이다. 사람에게는 사랑할 힘이 없다.

이러한 우리가 하나님은 사랑할 수 있을까? 사도 요한은 이렇게 대답한다. "사랑은 여기 있으니 우리가 하나님을 사랑한 것이 아니요 오직 하나님이 우리를 사랑하사 우리 죄를 위하여 화목제로 그 아들을 보내셨음이니라"(요한일서 4장 10절). 우리가 드릴 수 있는 최고의 사랑은 하나님이 우리를 사랑하신 모습을 최대한 투영하기 위해 노력하는 것뿐이다.

　암에 걸려 병원에서 1년 동안 치료를 받다가, 이제 마지막 고비에 들어선 한 남자를 만난 적이 있다. 이 남자는 그동안의 고된 치료 때문에 머리가 다 빠져서 모자를 쓰고 있었다. 그런데 그에게는 오랫동안 사랑한 여자가 있었다. 그 여자가 와서 마지막으로 그를 위해 봉사를 해 주고 있었다. 24시간 꼼짝도 않고 손과 발이 되어 주었다. 결혼하기 전인데도 이 남자의 대소변 수발까지 다 했다.

　내가 그것을 지켜보고 있는데, 남자가 여자에게 이렇게 말했다. "너, 나 죽으면 따라 죽을 거야? 죽기 전에 나랑 결혼하자." 그 여자가 헌신적으로 봉사하는 모습을 보니 정말 무덤에 같이 들어갈 것 같았다. 그러나 여자는 아무 대답도 하지 않았다. 그리고 장례 치르는 날 한 번 기절하고는 그 뒤로 소식이 없었다. 인간이 하는 사랑에는 한계가 있다. 누가 나를 위해 피를 흘려 줄 수 있겠는가. 누가 나를 대신하여 죽어 줄 수 있겠는가.

"의인을 위하여 죽는 자가 쉽지 않고 선인을 위하여 용감히 죽는 자가 혹 있거니와 우리가 아직 죄인 되었을 때에 그리스도께서 우리를 위하여 죽으심으로 하나님께서 우리에게 대한 자기의 사랑을 확증하셨느니라"(로마서 5장 7, 8절).

그러나 하나님은 우리를 어떻게 사랑하셨는가. 성경에는 모든 것을 아시고 모든 것을 가지신 그분이 우리를 향해 급히 뛰어 오시는 장면이 등장한다. 예수님은 먼 나라에 가서 허랑방탕하여 아버지에게서 미리 받은 유산을 탕진하고 돌아오는 아들에 대한 이야기를 하나님과 우리의 관계에 대한 비유로 가르쳐 말씀하셨다. 아들은 모든 것을 잃고 낮아질 대로 낮아진 후에야 결국 아버지에게로 돌아갈 것을 결심한다. 그러나 아버지의 마음은 달랐다. "아직도 상거가 먼데 아버지가 저를 보고 측은히 여겨 달려가 목을 안고 입을 맞추니"(누가복음 15장 20절).

아들의 모습을 알아보기에는 아직 먼 거리였는데도, 늘 집 앞에 나와 기다리시던 우리 아버지는 우리의 남루해진 모습을 보고 불쌍히 여겨 달려와 안아 주시는 것이다. 하나님의 조급한 심정은 성경에 단 한 번, 바로 우리를 기다리시는 아버지의 모습에서 나타난다.

이렇게 사랑 많으신 아버지에게서 너무 멀리 떠나지 않기 위해,

아버지가 너무 오래 우리를 기다리시게 하지 않기 위해 우리가 끊임없이 이어가야 하는 것이 바로 기도 생활과 말씀 생활이다. 말씀으로 하나님의 뜻을 듣고 기도로 아뢰는 생활을 쉬지 않는 것이 제자의 삶에서 드려져야 할 일순위이다. 이 생활이 끊어진 자는 아버지를 떠나 먼 나라에서 허랑방탕하여 가진 것을 모두 써버린 아들처럼 잠깐 받은 은혜를 소진하고 쓰러지게 된다.

기도로 하나님과 교통하며, 말씀을 읽고 깨달아 행하는 것은 제자의 의무이기 이전에 제자가 가진 특권이다. "너희는 다시 무서워하는 종의 영을 받지 아니하였고 양자의 영을 받았으므로 아바 아버지라 부르짖느니라"(로마서 8장 15절). 오직 자녀만이 아버지를 아버지라 부를 수 있고, 아버지 역시 오직 자녀의 음성만 들으신다.

이탈리아의 어느 소읍에 동상 하나가 서 있는데 이것은 개의 모습을 한 동상이다. 이 동상의 주인공인 개는 물에 빠졌다가 죽음 일보 직전에 어떤 신사의 손에 구출되었다. 그리고 그 신사는 그 개를 집에 데려다가 키웠다.

짐승에 불과하지만 이 개는 주인의 은혜를 알았다. 얼마나 주인을 따르고 사랑했는지 주인이 직장에 갈 때는 매일 버스 정류장까지 따라와서 주인을 전송하고, 주인이 직장 일을 마치고 버스를 타고 다시 퇴근할 때쯤 되면 먼저 가서 정류장에서 기다렸다. 이렇게 주인을 생명처럼 섬겼는데, 제2차 세계대전이 터졌을 때 주인이 타고 돌아오던 버스가 폭탄을 맞아 그만 주인이 목숨을 잃고 말았다. 그 개는 그날도 어김없이 정류장에 나와서 주인을 기다렸다. 아무리 기다려도 주인은 나타나지 않았으나, 개는 낮이고 밤이고 그 자리를 떠나지 않았다.

결국 그 개는 장장 13년 동안 주인이 돌아오기를 기다리다가 그 정류장에서 죽었다. 그래서 사람들이 그 자리에 동상을 세운 것이다. 자기를 죽을 자리에서 건져 준 주인을 잊지 못하는 짐승도 있는데, 영원한 생명을 주시기 위해 죄 없는 몸으로 친히 오셔서 나를 위해 십자가에 달려 죽으신 예수 그리스도를 보면서도 그 은혜를 알지 못하는 사람들이 얼마나 많은가.

규칙적으로 기도하거나 말씀을 보는 것이 힘들다고 죄책감을 갖고 고민하는 성도들이 더러 있다. 그러나 매일매일 오랫동안 기도해도 지치지 않고, 규칙적으로 시간을 할애해서 말씀을 보는 것이 어렵지 않은 사람이 과연 있을까? 예수님께서도 기도는 의지를 드리고 힘써서 해야 하는 일이었다. "예수께서 힘쓰고 애써 더욱 간절히 기도하시니 땀이 땅에 떨어지는 핏방울같이 되더라"(누가복음 22장 44절). "그때에 예수께서 성령에게 이끌리어 마귀에게 시험을 받으러 광야로 가사 사십 일을 밤낮으로 금식하신 후에 주리신지라"
(마태복음 4장 1, 2절).

예수님이 배고픔을 참으며 금식하셨던 것처럼, 신앙생활은 누구에게나 어렵고 희생을 감수해야 하는 일이다. 그렇지 않다면 주님은 우리에게 좁은 길을 가라고 말씀하지 않으셨을 것이다. 주님이 주시는 말씀으로 늘 새롭게 힘을 얻지 않으면 제자의 길을 걷는 것은 불가능하다. 길가에 주저앉아 기도가 힘들다는 배부른 소리는 하지도 말라. 기도하지 않고도 십자가를 질 수 있다는 교만은 내 힘으로 구원받을 수 있다는 교만과 같다.

이웃을 내 몸같이 사랑하는 삶

"누구든지 하나님을 사랑하노라 하고 그 형제를 미워하면 이는 거짓말하는 자니 보는 바 그 형제를 사랑치 아니하는 자가 보지 못하는 바 하나님을 사랑할 수가 없느니라"(요한일서 4장 20절).

뒷소리 잘하고 얌체 같은 짓만 하던 옆집 여자가 주일 아침만 되면 곱게 한복 차려 입고 교회 정문에 서서 천사의 미소를 지으며 인사를 나누는 김 집사 될 수는 없다. 아니, 겉모습은 그렇다 할

지라도 그건 진짜가 아니다. "내가 진실로 너희에게 이르노니 너희가 여기 내 형제 중에 지극히 작은 자 하나에게 한 것이 곧 내게 한 것이니라"(마태복음 25장 40절).

내 이웃에게 나누는 것이 하나님께 드리는 것이요, 내 이웃을 섬기는 것이 하나님을 섬기는 것이다. 이것은 교회 공동체 안에서나 일터에서나 가정에서나 동일한 원칙이다. 교회에서 보이는 얼굴과 직장에서 보이는 얼굴과 가정에서 보이는 얼굴이 같지 않은 우리는 예수님이 비유로 말씀하신 일만 달란트[10] 빚진 자와 다를 바 없다.

한 임금에게 일만 달란트를 빚진 종이 도저히 채무를 갚을 능력이 없어 아내와 자식들을 팔아야 할 지경에 이르게 되었다. 그런데 이 종이 엎드려서 "조금만 기다려 주시면 곧 빚을 갚겠습니다."라고 사정하자 임금은 그를 불쌍히 여겨 빚을 탕감해 주었다. 감사한 마음으로 자리에서 물러난 종은 집으로 돌아가는 길에 자기에게 백 데나리온[11]을 빌려 간 친구를 만나는데, 그는 당장에 친구의 멱살을 잡고 흔들며 빚을 갚으라고 독촉한다. 그리고 조금만 더 기다려

10. 달란트: 저울로 무게를 다는 최대의 단위로 많은 양의 금과 은의 무게를 재는 데 사용되었다. 신약 시대의 1달란트는 20.4킬로그램 정도였고, 6,000데나리온에 해당했다.
11. 데나리온: 신약 시대에 하루치 일당으로 주던 은전. 백 데나리온은 일만 달란트의 육십만 분의 일이다.

달라고 애원하는 친구를 붙들어 빚을 갚도록 감옥에 집어넣었다. 이게 바로 은혜받은 우리, "천부여 의지 없어서" 손 들고 오는 김 집사의 모습 아닌가.

이러한 우리의 처지를 늘 깨닫고 눈물로 무릎을 꿇으면서도, 이웃 앞에 서기만 하면 우리의 혀는 쉴 새 없이 불평하고 낙심하며, 자매와 형제에게 빚을 갚으라고 독촉하며 멱살을 잡는다. "혀는 능히 길들일 사람이 없나니 쉬지 아니하는 악이요 죽이는 독이 가득한 것이라 이것으로 우리가 주 아버지를 찬송하고 또 이것으로 하나님의 형상대로 지음을 받은 사람을 저주하나니 한 입으로 찬송과 저주가 나는도다"(야고보서 3장 8~10절). 하나님을 사랑하는 모습과 이웃을 미워하는 모습이 우리에게 공존한다면, 결국 둘 중 하나는 진짜가 아닌 셈이다.

우리가 어디 이웃사촌들에게만 범죄하던가. 교회 안에서 같이 봉사하는 형제 자매에게 눈을 흘기지 않았던가. 나란히 앉아 아름다운 모습으로 예배 드리고 온 가족들에게 상처 주지 않았던가. 나를 통해 하나님의 사랑을 이웃에게 전달하는 것이 제자훈련의 첫걸음이자 마지막 종착점이다.

산돌 손양원(1902~1950) 목사는 여수의 애양원 교회에서 나병

환자들을 위한 삶을 살았던 사람이다. 일평생 남을 위한 삶을 산 그였으나, 정작 자신은 두 아들을 십 대의 젊은 나이에 1948년 여수·순천사건으로 먼저 천국으로 보내는 아픔을 겪어야 했다.

여수·순천 반란이 진압된 후 손 목사의 두 아들 동인, 동신을 죽인 자들 중의 하나인 '안재선'이라는 자도 체포되어 총살을 당할 상황에 직면했다. 그 소식을 들은 손 목사는 계엄 사령관에게 찾아가서 "나의 죽은 아들들은 결코 자기들 때문에 친구가 죽는 것을 원치 않습니다. 그 애들은 친구의 죄 때문에 이미 죽었습니다. 만일 이 학생을 죽인다면 그것은 동인, 동신 형제의 죽음을 값없이 만드는 것입니다."라고 하면서 그 학생의 석방을 간청하였다. 그의 간청은 받아들여져 안재선은 석방되었으며, 손 목사는 죽은 두 아들 대신 이 사람을 양자로 들였다. 다음은 손양원 목사가 아들들의 장례식에서 고백한 마지막 인사이다.

"여러분, 내 어찌 긴 말의 답사를 드리리요. 내가 아들들의 순교를 접하고 느낀 몇 가지 은혜로운 감사의 조건을 이야기함으로 대신할까 합니다. 첫째, 나 같은 죄인의 혈통에서 순교의 자식들을 나오게 하였으니 하나님께 감사합니다. 둘째, 허다한 많은 성도들 중에 어찌 이런 보배들을 주께서 하필 내게 주셨는지 그 점 또한 주께 감사합니다. 셋째, 3남 3녀 중에서 가장 아름다운 두 아들 장자와 차자를 바치게 된 나의 축복을 하나님께 감사합니다. 넷째, 한 아들의 순교도 귀하다 하거늘 하물며 두 아들의 순교이리요. 하나님, 감사합니다. 다섯째, 예수 믿다가 누워 죽는 것도 큰 복이라 하거늘 하물며 전도하다 순교 당함이리요. 하나님, 감사합니다.

여섯째, 미국 유학 가려고 준비하던 내 아들, 미국보다 더 좋은 천국 갔으니 내 마음 안심되어 하나님께 감사합니다. 일곱째, 나의 사랑하는 두 아들을 총살한 원수를 회개시켜 내 아들로 삼고자 하는 사랑의 마음을 주신 하나님께 감사합니다. 여덟째, 내 두 아들의 순교로 말미암아 무수한 천국의 아들들이 생길 것이 믿어지니 우리 아버지 하나님께 감사합니다. 아홉째, 이 같은 역경 중에서 이상 여덟 가지 진리와 하나님의 사랑을 찾는 기쁜 마음, 여유 있는 믿음 주신 우리 주 예수 그리스도께 감사, 감사합니다. 끝으로 나에게 분수에 넘치는 과분한 큰 복을 내려 주신 하나님께 모든 영광을 돌립니다.

이 일들이 옛날 내 아버지, 어머니가 새벽마다 부르짖던 수십 년간의 눈물로 이루어진 기도의 결정이요, 나의 사랑하는 한센 병자 형제 자매들이 23년간 나와 내 가족을 위해 기도해 준 그 성의의 열매로 믿어 의심치 않으며 여러분께도 감사드립니다."

손양원 목사는 한국전쟁이 일어나자, 동료와 신도들의 피난 권유

를 거절하고 행동이 부자유한 나환자들과 교회를 지키다가 인민군에게 총살당하여 그의 일생을 마쳤다.[12]

"너는 네 형제를 마음으로 미워하지 말며… 원수를 갚지 말며… 이웃 사랑하기를 네 몸과 같이 하라"(레위기 19장 17, 18절). 받은 은혜에 비하면 너무 쉬운 명령인 셈이다. 그러나 이 땅에서 살아가는 우리에게는 미워하는 티를 내지 않는 것만도 힘든 일이다. 그런 우리에게 주님은 사랑하기까지 하라 하신다. 제자에게 요구하시는 목표는 바로 자신을 죽인 죄인들을 사랑하여 양자 삼으신 하나님 당신이시다.

"또 산을 옮길 만한 모든 믿음이 있을지라도 사랑이 없으면 내가 아무것도 아니요 내가 내게 있는 모든 것으로 구제하고 또 내 몸을 불사르게 내어줄지라도 사랑이 없으면 내게 아무 유익이 없느니라" (고린도전서 13장 2, 3절).

진정한 기적이 무엇인가? 남들 눈에는 보이지 않는 신비한 것을 보고, 불치병이 낫고, 하늘의 해가 멈추는 것이 기적인가? 아니다.

---

12. 손양원 목사의 일생에 관한 내용은 안용준, 『사랑의 원자탄』(성광문화사), 손동희, 『손양원 목사 옥중 목회』(보이스), 손동희, 『나의 아버지 손양원 목사』 (아가페)를 참고, 인용하였다.

반항하던 자녀가 부모의 품으로 돌아오는 것이 기적이요, 성도를 핍박하던 자가 무릎 꿇고 회개하는 것이 진정한 기적의 역사다. 이것은 돈이나 노력으로 가능한 것이 아니라 사랑으로라야 가능한 것이다. 사랑은 믿음과 선행에 절대 우선하며, 사랑은 기적을 만든다.

그래서 제자 된 우리는 모든 것에 우선하는 사랑의 은사 받기를 간절히 사모해야 한다. 사랑할 수 없는 우리가 우리 몸을 쳐서 복종시켜 명령하신 대로 사랑하는 것이 일상에서 드릴 영적 예배, 거룩한 산 제사인 것이다. "그러나 이 모든 일에 우리를 사랑하시는 이로 말미암아 우리가 넉넉히 이기느니라"(로마서 8장 37절). 아멘.

제3장 제자들

초대 교회에는 자연적 제자훈련과 영적 승법번식이
각 가정과 교회에 일어나 자연적 성장을 이루었으나,
지금은 목회자에 대한 맹신과 수동적인 말씀 공부의 형태에 젖어
평신도들이 스스로의 역량을 제한하고 있는 상태이다.
이러한 상황에서 벗어나 초대 교회의 정신을 살려
평신도 중심의 교회를 세우는 과정이 바로 제자훈련이다.

제3장
제자들

　제자인가? 일단 부르심을 받았다면, 그 부르심에 반응하는 것은 부름받은 자의 자유의지에 달려 있다. 지난 수천 년 동안 수많은 사람들이 우리와 동일한 부르심을 받고 적극적, 또는 소극적으로 반응했으며, 일단 어떤 식으로든 반응한 후에는 자신이 소유한 모든 것과 생명까지도 귀하게 여기지 않게 되었다.

　하나님과 평생 동행하다가 하나님이 너무 사랑하신 나머지 세상에서 데려가신 에녹[1](창세기 5장 24절; 히브리서 11장 5절)에서부터 예수님의 그림자로 불리는 요셉,[2] 우상을 섬기는 선지자 450명

---

1. 에녹:365년 동안 하나님과 동행하는 삶을 살았고, 하나님을 기쁘시게 했기 때문에 죽지 않고 살아서 승천함으로 예수 그리스도의 재림 때 죽지 않고 휴거될 성도들의 예표가 되었다. 예수님을 제외하고 살아서 하늘로 올라간 사람으로 에녹과 엘리야 두 사람이 성경에 기록되어 있다.
2. 요셉:야곱의 아들로 열두 명의 형제 중 아버지의 사랑을 독차지했다. 17세에

을 대항해 하나님의 살아 계심을 증명한 엘리야,[3] 예수의 메시아 되심을 믿는다는 이유 하나만으로 맹수의 밥이 된 수많은 초대 교회의 성도들, 조선 땅에 복음을 전하다가 죽어간 무명의 선교사들과 그의 가족들, 그들을 위해 평생을 기도하며 물질로 섬겼던 세계 곳곳의 후원자들 그리고 지금 한국 교회 안에서 소리 없이 제자의 삶을 살아가고 있는, 골방에서 무릎 꿇는 성도들. 이제 이 위대한 평신도들의 명단에 당신의 이름을 새겨 넣으라!

위대한 평신도 사역자들

교회 역사를 돌이켜 보자. 교회가 시작되면서 처음에는 평신도가

형들의 마음을 사서 은 20개에 노예로 팔려가 애굽(이집트)에서 종살이를 하다가 누명을 쓰고 감옥에 갇힌다. 후에 왕궁으로 불려가 바로(파라오)의 꿈을 해석하여 그 공으로 애굽의 총리가 된다. 고난과 시련 가운데서도 하나님의 뜻을 행하고 용서의 삶을 살았던 요셉의 일생은 여러 면에서 예수 그리스도와 유사하다.

3. 엘리야: 선지자. 당시 이스라엘의 왕이었던 아합은 우상 숭배를 받아들여서 이스라엘에 퍼뜨렸는데, 바알과 아세라 등 우상의 사당을 세웠고 선지자 850명을 두었다. 엘리야는 이러한 아합의 종교 정책에 대항하여 하나님 신앙을 고수하였으며, 갈멜 산에서 바알의 선지자 450명과 대결하여 하나님이 참 신이심을 온 이스라엘에 드러냈다. 후에 회리바람에 싸여 죽지 않고 하늘로 승천했다.

자기 위치를 바로 지키고 있었다. 신약 시대의 교회와 그 후 2세기 동안의 교회는 평신도 중심의 교회였다. "(당시) 기독교의 복음을 선포하는 일을 담당한 주역들이 교회 안에서 어느 부류에 속한 사람들이었는지를 알아보는 것은 불가능한 일이 아니다. 주저하지 않고 우리가 믿을 수 있는 사실은 기독교의 위대한 선교 활동이 실제로 성공할 수 있었던 것은 바로 비공식적인 선교사들(평신도) 덕분이었다는 것이다."[4]

평신도가 제구실을 하던 교회의 생명은 매우 짧아서 얼마 안 가 암흑기를 맞게 되었지만, 교회 역사를 통해 어두운 시대를 자주 밝혀 주었던 개혁의 햇불들은 거의 모두 평신도의 손에 들려 있었다. 14세기의 위클리프 운동[5]이 그러하였고, 루터[6]의 종교개혁 역시 수

---

4. Michael Green, *Evangelism in the Early Church*, p.172. 재인용.
5. 존 위클리프(John Wycliffe, 1320~1384): 영국의 선구적 종교개혁자. 신앙과 구원에 관한 최고의 권위가 성경에 있다고 확신하고 교황권에 대항해 교회개혁 운동에 앞장섰는데, 이것을 후세에서 위클리프 운동이라 부르고 있다. 성직자의 악덕과 가톨릭의 교리를 비판하고 참된 복음을 설교하는 한편, 성경을 영어로 번역하여 평신도들에게 보급하는 사업을 벌였으며, 백수십 편의 저술을 남겼다. 1415년 콘스탄츠 공의회에서 이단으로 단죄되어 그의 유해는 저서와 함께 불태워졌다.
6. 마르틴 루터(Martin Luther, 1483~1546): 독일의 종교개혁자, 신학자. 비텐베르크대학교에서 성서학 강의를 하던 시절, 하나님은 인간에게 행위를 요구하는 것이 아니라 예수 그리스도를 통해 인간에게 접근하고 은혜를 베풀어 구

많은 평신도들이 이끌어 갔던 시대적인 각성 운동이었다. 개혁과 부흥의 시대는 대개 평신도가 재기하는 때였고 침체와 타락의 시대는 성직자들이 횡포하는 때였다.

따라서 평신도가 잠자고 있거나 주저앉아 있는 교회는 절대로 건강할 수 없다. 목회자와 평신도 사이를 갈라놓는 선이 희미한 교회일수록 성령의 창조적 사역이 훨씬 활발하게 일어나는 현장이 될 수 있다. 첫 번째 종교개혁이 목회자들이 독점하던 하나님의 말씀을 평신도들의 손에 넘겨 준 것이라면, 두 번째 개혁은 목회자들이 독점하는 사역을 평신도들의 손에 넘겨 주는 것이다.[7]

학교에서 신학을 전공하고 안수받은 목회자와 동일하게 평신도 역시 파트타임, 혹은 풀타임 사역자로 일하며, 사역의 주체 된 입장에 있어서는 목회자에 다름 아니다. 이것은 평신도가 목회의 조력자로서 교회에 존재하는 것이 아니라 하나님께 예배하는 주체로 존

원하심을 재발견하게 된다. 이에 따라 면죄부(免罪符) 판매에 대한 비판으로 1517년 '95개조 논제'를 발표하는데, 이것이 큰 파문을 일으켜 마침내 종교개혁의 발단이 되었다. 그는 평생 가톨릭 교회와 종교개혁 좌파 사이에서 논쟁·대결하면서, 성서 강의, 설교, 저작, 성경 번역 등에 헌신함으로써 종교개혁 운동을 추진하였다. 그의 업적은 대부분 문서 형태로 남아 있어, 원문의 큰 책이 100권(바이마르판 루터전집)에 이르며, 신약성서를 독일어로 번역하는 데 이것이 독일어 통일에 크게 공헌하였다.

7. Bill Hull, *Disciple Making Pastor*, p.29.

재하기 때문이다. 강단에서 말씀을 전하는 사역이 특히 두드러지는 모양을 띠긴 하나, 그렇다고 평신도들이 예배당 곳곳에서 이름 없이 감당하고 있는 사역이나 받은 은사보다 더 중요한 것은 아니다. 하나님은 백성에게 말씀을 전하는 선지자들과도 함께하셨지만, 양 떼를 지키던 다윗과도 함께하셨다.

바울이 로마서를 통해 안부를 전했던 초대 교회의 평신도 사역자들을 보자(로마서 16장). 겐그레아교회의 일꾼 뵈뵈, 이방인들에게 복음을 전하기 위해 자기의 목이라도 내어 놓았던 브리스가와 아굴라 부부, 성도들을 위하여 많이 수고한 마리아, 바울과 함께 갇혔던 안드로니고와 유니아, 암블리아, 우르바노…. 이들은 모두 로마교회와 각 가정 교회[8]를 위해 수고했던 평신도들이었다.

바울은 로마서 16장에서 40여 명의 평신도들의 이름을 열거하면서 이들을 가리켜 자신의 보호자, 동역자, 친척 또는 자신의 사랑하는 자라고 불렀다. 이들은 모두 바울의 동역자로 일했지만, 소극적으로 사역에 임한 것이 아니라 자신의 목숨까지 내어놓았던 자들이

8. 가정 교회: 별도로 마련한 교회의 건물이 없이 개인의 집에서 교회를 형성한 것. 초대 교회는 철저한 가정 교회였으며, 가정 교회를 통해 친교, 선교, 구제, 섬김, 나눔이 일어났다.

었다. 이런 의미에서 이들의 사역을 단순히 바울을 조력한 것으로 국한하기보다는 주체적인 평신도 사역이라고 부르는 편이 더 나을 것이다.

바울은 로마서를 자신에게 받아 로마교회에 직접 전달한 뵈뵈를 겐그리아교회의 일꾼이라고 불렀는데, 여기서 일꾼은 집사라는 말과 같은 단어로 쓰인다. 그 당시에 여 집사의 공식적인 직분이 있었는지는 알 수 없지만, 초대 교회 시절이나 지금이나 교회 안에서 여성의 위치는 매우 중요하다. 특비 바울은 뵈뵈를 여러 사람과 자신의 보호자라고 로마교회에 소개하고 있다(로마서 16장 2절). 양가죽 위에 써서 둘둘 말아 보냈을 로마서는 그 무게도 만만치 않았겠지만, 로마 군인들이 곳곳에서 감시하는 가운데 그 귀한 편지를 지니고 먼 길을 움직였을 뵈뵈는 아마 고린도교회에서도 인정받는 믿음직한 사역자였을 것이다.

또 한 팀의 유명한 평신도 사역자들이 있다. "그리스도 예수 안에서 나의 동역자들인 브리스가와 아굴라에게 문안하라 저희는 내 목숨을 위하여 자기의 목이라도 내어 놓았나니 나뿐 아니라 이방인의 모든 교회도 저희에게 감사하느니라"(로마서 16장 3, 4절). 당시 일반적인 통례로는 남편의 이름을 아내 이름 앞에 붙이는 것이 당연하였으나, 이 부부는 아내의 이름이 먼저 나와 있다. 신분상의 차이 때문이라는 설도 있으나, 어떻든 교회 안에서는 직분뿐 아니라 성별도 성도의 신분을 가름하는 기준이 될 수 없다는 사실을 반증하고 있다.

이들은 본래 텐트를 만드는 것을 업으로 삼던 유대인들이었는데, 바울을 만나 회심하고 로마에서 고린도로 이주해 바울과 함께 텐트를 만들며 고린도교회를 개척하는 일에 힘썼다. 그리고 바울이 에베소로 전도 여행을 떠날 때 이들도 함께 에베소로 떠나 에베소교회를 개척했고, 후에 클라우디우스 황제의 추방령이 해제되자 다시 로마로 돌아가 로마교회를 섬기는 일에 전력을 다했다.

가장 놀라운 사실은 이들의 가정이 항상 교회로 사용되었다는 것이다. "또 저의 교회에게도 문안하라"(로마서 16장 5절). 이들은 고린도에서 자기 집을 교회로 개방했으며, 에베소에 가서도, 로마에 가서도 교회로 자신들의 가정을 드렸다. 사실 가정을 교회로 개방했던 평신도는 이들뿐이 아니었다. 그 당시 교회는 대부분 한 가정 또는 여러 가정의 집을 빌려 예배를 드릴 수밖에 없었으므로 많은 평신도들이 자신의 가정을 개방하여 교회로 사용했다. 따라서 로마교회, 고린도교회, 에베소교회 등 당시 교회들을 일컬었던 이름은 한 건물로 세워진 교회가 아니라 로마 지역, 고린도 지역, 에베소 지역의 여러 가정 교회들을 통칭하여 일컫는 명칭이었을 것이라는 설이 가장 설득력 있다.

브리스가 부부 외에도 바울이 "온 교회의 식주(食主)"라고 불렀던 가이오의 가정이나 "아리스도불로의 권속",[9] "나깃수의 권속", "아순그리도와 블레곤과 허메와 바드로바와 허마와 저희와 함께 있는 형제들", "빌롤로고와 율리아와 또 네레오와 그 자매와 올름바와 저희와 함께 있는 모든 성도" 역시 하나의 가정 교회를 이루었던 성도들과 평신도 사역자들이었을 것이다(로마서 16장 10~15절). 바울은 이들에게 마지막으로 이렇게 안부를 전한다. "너희가 거룩하게 입맞춤으로 서로 문안하라 그리스도의 모든 교회가 다 너희에게 문안하느니라"(로마서 16장 16절).

이 평신도들의 가정은 그들의 교회였고, 가정 안에서의 이들의 모습은 교회 안에서의 모습이었다. 드러내놓고 신앙 생활을 할 수는 없었으나, 전 유럽과 아시아 지역에 흩어져 있던 모든 평신도들의 가정 교회가 바울의 편지를 통해 서로에게 문안하는 모습은 그리스도께서 머리 되신 교회의 지체들이 연합하는 것이 무엇인지 잘 보여주고 있다.

---

9. 권속: 집, 가족, 식솔 등을 일컫는 말. 신약 성경에서는 가족의 의미로, 또는 하나님의 교회를 가리키는 말로 자주 사용되었으며(디모데전서 3장 15절; 히브리서 10장 21절; 베드로전서 4장 17절), 로마서에서는 그 집에 속한 모든 자(노예를 포함하여)를 일컫는 넓은 의미의 가족의 개념으로 사용되었다.

수십 명 남짓했던 사도들이 이 많은 교회들을 다 돌볼 수는 없었을 것이다. 결국 여기저기에 흩어져 있던 가정 교회에서는 각 교회의 평신도 사역자들이 말씀을 가르치고 다른 가정 교회와의 연합을 위해 노력해야 했다. 드러내 놓고 만나지 못하던 이 교회들이 하나의 신앙을 가지고 성장해 지금에 이르게 된 것은 정말 하나님의 은혜라 아니할 수 없으며, 평신도 사역자들의 역할이 결코 소극적이지 않았음을 보여 준다.

　　주후[10] 1~3세기, 로마 제국의 기독교 박해가 극에 달하자 성도들은 로마 시내에서 근교까지 지하로 이어져 있던 공동묘지인 카타콤에서 공동체 생활을 하기도 했다. 카타콤에서 태어나 카타콤에 묻힌 수많은 성도들은 평생 햇빛을 보지 못했을지도 모르겠으나, 성도들과 함께 찬양하고 기도할 수 있었다는 것만으로도 감사하며 주님 곁으로 돌아갔다. 어머니가 죽으면 아들이 어머니를 묻고 그 곁에서 찬양하다가 아들이 죽으면 다른 성도들이 그 아들을 어머니 곁에 묻어 주는 삶을 살았던 것이다. 말씀을 전하던 지도자가 잡혀

---

10. 주후: '기원후'를 일컫는 기독교 용어. 라틴어로 AD(Anno Domini), '그리스도의 해'라는 뜻이다. 신학자 디오니시우스엑시구스가 『부활절의 서(書)』(525)에서 처음으로 사용하였으며, 예수 그리스도의 탄생을 로마 건국 기원 754년에 두어 연도를 따지는 기준으로 삼았다. '주전'(BC:Before Christ)은 그리스도 탄생 전을 뜻한다.

가 순교하면 또 다른 평신도 지도자가 일어나 성도들을 가르치고, 부인들이 일어나 성도들을 가르쳤다. 평신도들이 살아 있는 현장이었다.

사실 최근 들어 교회 내에서의 목회자의 권위에 대한 맹신을 깨자는 의견이 각층에서 제시되고 있지만, 평신도들의 주체적인 사역 참여에 대한 목소리는 그만큼 높지 않은 것 같다. 수레바퀴는 그 모양과 크기가 같아야만 수레가 앞으로 나갈 수 있다. 두 개의 바퀴 중 어느 하나가 더 크거나 작다면 계속 같은 자리를 맴돌 수밖에 없는 것이다. 작은 바퀴의 크기를 똑같이 키운다면, 수레는 더 빨리, 더 힘 있게 앞으로 전진할 수 있을 것이다. 우리는 지금 큰 바퀴가 작아져야 한다는 목소리만 높이고 있는 것은 아닌가?

우리 개개인에게 성령이 임하셨고, 우리에게 말씀하시고 우리를 위해 중보하시는 이가 우리 안에 계시는데, 어떻게 책임을 남에게 돌릴 수 있겠는가? 한국 교회의 미래는 가정에서, 소그룹에서, 교회 식당에서, 예배당에서 이름 없이 수고하고 있는 수많은 뵈뵈와 수많은 브리스가와 아굴라에게 달려 있다.

한국 교회의 뿌리

1865년 9월 4일, 스물여섯 살의 한 백인 남자가 조선 땅에 발을 디뎠다. 그는 황해도와 평안도 연안에서 두 달 반 동안 머물면서 조선어 방언과 단어들을 사사로이 기록했으며, 한편으로는 작은 책을 들고 다니며 사람들에게 비밀스럽게 나눠 주었다. 그런 후 이 젊은이는 조용히 북경으로 돌아갔다.

젊은이가 뿌린 책은 순식간에 조선 땅 전역에 퍼져나갔다. 북경에 동지사로 왔다가 이 젊은이를 만난 박가(朴家)라는 사람은 평양에서 이 책을 한 권 얻어 주의 깊게 숙독했다면서 이렇게 말했다. "야소교[11] 책이 매우 좋소이다…" 어떤 사람은 서해안에 뿌려졌던 것과 똑같은 책을 구해 달라는 쪽지를 몰래 한문으로 적어 북경에 있던 이 젊은이, 바로 한국 최초의 개신교 선교사 토마스(Robert Jermain Thomas)에게 전했다.

자신이 뿌리고 온 씨앗이 차츰 열매를 거두는 것을 본 토마스는 더 이상 북경에 머물러 있을 수가 없었다. 그는 조선 선교를 위해

---

11. 야소교: 조선 시대 후기 기독교가 처음 들어왔을 때 부르던 호칭. 대한예수교 장로회의 초창기 명칭은 '조선야소교장로회'였다.

평생을 바치기로 헌신하고, 병인교난[12]이 시작되던 1866년, 제너럴 셔먼 호의 조선어 통역관으로 다시 조선을 방문했다.

1866년 8월 9일 즈푸를 떠난 제너럴 셔먼 호는 백령도를 거쳐 장산곶을 지나 진남포 쪽으로 올라갔다. 도중에 토마스 목사는 먼저 백령도 주민들에게 성경을 여러 권 나누어 주었으며, 강서군 초리면 포리에서는 하루 머무르는 동안 외국 배를 구경하러 온 홍신길이라는 19세의 청년을 초청해 이야기를 나누고 성경을 전달했다. 처음에 무슨 책인지도 모르고 받았던 홍신길은 그것이 기독교 책이라는 이야기를 듣고 얼마 후 강에 내던졌다.

그러나 여러 해가 지난 후 그는 마침내 교인이 되었으며, 하리교회 설립자 가운데 한 사람이 되었다. 다음은 홍신길 성도가 오문환 성도에게 한 말이다.

"내가 정식으로 신자가 되기는 지난 을미년이었습니다. 그러나 복음의 종자를 받기는 지금으로부터 63년 전 병인년 포리에 있을 때

---

12. 병인교난(丙寅敎難, 1866~1871): 조선 후기 대원군이 가톨릭 교도를 대량 학살한 사건. 프랑스 선교사 12명 중 9명이 학살당한 것을 필두로 불과 수개월 사이에 국내 신도 8,000여 명이 학살되었다. 이 사건으로 산속에 피신하여 쫓겨 다니다가 병으로 죽고 굶주려 죽은 부녀자와 어린이가 부지기수였다고 한다.

토마스 목사에게서 받았습니다. 81세의 늙은 것을 아직도 하나님께서 세상에 남겨 두신 것은 아마 토마스 목사의 전도 사적을 증거하라 하심인가 보외다."[13]

이튿날 제너럴 셔먼 호는 다시 출발하여 계속 거슬러 올라가던 중 석호정에 이르렀다. 이때는 이미 소문이 널리 퍼져 수많은 사람들이 구경을 하러 나왔다. 그 중에 또 한 사람 김영섭이라는 청년이 토마스에게서 성경과 전도지를 받아 가지고 돌아갔다. 그 후 그는 그 책을 읽고 감화받아 아들 종권과 친척 되는 김성집에게도 읽도록 권유하였다. 이 둘은 후에 장로가 되었다.

한편 만경대에서는 이양선의 침입이 있다는 정보를 들은 주민과 관군들이 함께 자체 방어를 준비하고 있었다. 그리하여 배가 만경대에 도착하자 평양서윤(平壤庶尹) 신태정에게서 서양 종교가 사교로 금지되어 있고 교역도 할 수 없다는 통고를 받았다. 그렇지만 배에 타고 있던 토마스는 결코 무력을 사용해서는 안 된다고 선원들을 설득했다.

배는 다시금 거슬러 올라가 봉황진에 이르렀는데, 제너럴 셔먼 호의 선원이 관군 한 명을 납치해 인질로 삼는 사건이 발생했다. 성

---

13. 오문환, 『토마스 목사전』, p.46.

난 주민들과 관군들은 솔가지와 풀을 가득 실은 배에다 불을 붙여 제너럴 셔먼 호 쪽으로 떠내려가게 하였고, 결국 제너럴 셔먼 호에 불이 붙었다. 배는 이미 모래톱에 걸려 꼼짝 못하는 상황이었으며, 많은 사람들이 불에 타 죽었고, 물에 뛰어들어 헤엄쳐 살아나온 자들도 다 창에 찔려 죽거나 맞아 죽었다.

토마스 선교사는 이러한 상황에서는 복음을 전하지도 못하고 죽게 생겼다는 급박한 심정으로 화살과 총알이 빗발치고 포연이 자욱한 갑판 위로 뛰어 올라갔다. 뱃전에 우뚝 선 그는 한 손에 백기를 들고 입으로는 목이 터져라 "야소 믿으시오!"를 외치며 다른 한 손으로는 성경과 전도지들을 강둑을 향하여 던져대기 시작했다. 정신 없이 성경을 던지던 토마스는 한참이 지난 후에야 자기가 탄 배가 불에 타고 있는 것을 알았다. 그는 불을 피해 가면서 계속 남은 성경을 던졌으며, 결국 한 권의 성경을 품에 넣은 채 한 병사의 손에 끌려 강 언덕 위로 끌어올려졌다.

병사가 그의 목을 치기 위해 칼을 꺼내는데, 이때 토마스는 품에서 성경을 꺼내어 자기를 치려는 병사에게 주면서 전도했다. 병사가 주춤하는 사이 토마스는 무릎을 꿇고 머리를 숙여 기도를 올렸고, 마침내 그 병사의 칼에 목숨을 잃었다. 토마스를 죽인 병사는 성경을 가지고 집으로 돌아갔으며, 가족들에게 다음과 같이 말하였다 한다.

"내가 서양 사람을 죽이는 중에 한 사람 죽인 것은 지금 생각할수록 이상한 감이 있다. 내가 그를 찌르려고 할 때에 그는 두 손을 마주 잡고 무슨 말을 한 후 홍포의(紅布衣)의 책을 가지고 웃으면서 나에게 받으라고 권하였다. 그러므로 내가 죽이기는 하였으나 이 책을 받지 않을 수가 없어서 받아 왔노라."[14]

그 후 그는 토마스가 죽어가면서 준 그 성경을 읽고 큰 감명을 받았으며 장대현교회(널다리골교회) 최초의 교인 중 한 명이 되었다. 제너럴 셔먼 호 사건 때에 많은 사람이 구경을 나왔는데, 그 중 최치량이라는 당시 11세 소년이 있었다. 그는 성경 세 권을 주워 가지고 집으로 돌아갔는데, 며칠 후 그 외국 배에서 던진 책을 습득한 사람은 모두 책을 없애라는 포고에 없애버렸다. 그런데 박영식이라는 사람은 남들이 버리는 그 성경을 모아다 자기 집 벽을 발랐다.

나중에 그 집을 최치량이 우연히 사게 되어 여관으로 경영하였는데, 한국 장로교회 최초의 목사 중 한 사람인 한석진 목사가 후

---

14. 오문환, 『토마스 목사전』, p.55.

에 이 집에 묵었으며 벽에 바른 그 성경들을 보고 집 주인 최치량을 전도하여 이 사람은 이후 장대현교회를 세우는 장본인이 되었다. 성경을 주운 사람 중에는 여성도 있었는데, 이 사람은 그 성경을 읽고 감동을 입어 예수를 영접하였으며, 그녀의 아들 이덕환도 함께 예수를 믿어 후에 장대현교회와 사리원교회의 장로로 섬겼다.

"내가 진실로 진실로 너희에게 이르노니 한 알의 밀이 땅에 떨어져 죽지 아니하면 한 알 그대로 있고 죽으면 많은 열매를 맺느니라"(요한복음 12장 24절).

지금 어디에도 한국 최초의 순교자 토마스 선교사의 무덤은 남아 있지 않지만, 모 교회인 영국 웨일스 하노버교회에는 그의 죽음을 기념하는 기념비가 있다.

로버트 제르메인 토마스 목사 기념비

런던선교회 중국 북경 주재 선교사
하노버의 로버트 목사와 메리 로이드 사이의 차남
1866년 두 번째 한국 선교 여행 중 토착인에 의해 살해되어 27세의 젊은 나이로 죽다.[15]

이 외에도 수를 헤아릴 수 없이 많은 순교자들의 피 위에 한국 교회가 세워져 오늘에 이르렀다. "그 이마에 이름이 기록되었으니 비밀이라, 큰 바벨론이라, 땅의 음녀들과 가증한 것들의 어미라 하였더라 또 내가 보매 이 여자가 성도들의 피와 예수의 증인들의 피에 취한지라"(요한계시록 17장 5, 6절). 우리가 유산으로 받은 이 신앙은 거저 난 것이 아니라 신앙의 선배들의 핏값으로 이어져 온 것이다. 여기에 제자도가 있고, 여기에 십자가의 길이 있다.

이렇게 조선에는 복음의 씨앗이 뿌려졌고, 한국의 초대 교회가 시작되었다. 토마스 선교사가 죽은 지 23년 후인 1890년, 언더우드[16] 박사가 일곱 명의 학생들을 모아 자기 서재에서 한국 최초의 성경 공부 반을 시작했다. 4년 후에는 한국 교회 교인의 60퍼센트가 한

---

15. 토마스 선교사의 사역에 관한 내용은 『한국 최초의 순교자 토마스 목사의 생애』(생명의말씀사) pp.67~98를 참고, 인용하였다.
16. 언더우드(Horace Grant Underwood, 1859~1916): 미국인 선교사, 교육자. 한국명 원두우(元杜尤). 1887년 한국 최초의 장로교회인 서울 새문안교회를 설립하였다. 성서번역위원회를 조직, 성경 번역사업을 주관하는 한편, 1890년에 『한영사전』, 『영한사전』을 출판하고, 1900년 기독청년회(YMCA)를 조직하였으며, 1915년에는 경신학교(儆新學校)에 대학부를 개설, 연희전문학교로 발전시켰다. 한국 개화기에 종교, 정치, 교육, 문화 등 여러 분야에 많은 공적을 남겼다.

두 개의 성경 공부 반에 출석하고 있었으며, 1909년에는 미국 북장로교[17] 선교 지역 안에서만 약 800개의 성경 공부 반이 있었고 5만 명 이상이 거기서 배우고 있었다는 통계자료를 볼 수 있다.[18]

초대 교회 당시에는 남자와 여자, 심지어 아이들까지 전부 다 학생이면서 동시에 선생이었다. 그들은 각자 자기보다 신앙이 앞선 선배로부터 개인 양육을 받았다. 그리고 자기보다 신앙이 뒤떨어지는 후배들을 가르쳤다.[19] 평신도가 이와 같은 상호 작용을 함으로써 초창기 한국 교회는 각자의 은사를 활용하고 발전시킬 수 있는 교회가 되어 하나같이 지식과 힘과 능률 면에서 성장할 수 있었던 것이다.[20]

또한 성경에 나온 초대 교회들이 가정 교회였던 것처럼 한국의 초대 교회 역시 마찬가지였다. 당시의 교회 지도자들은 가정 모임을 중심하여 평신도 세계에서 일어나는 여러 가지 변화와 영향력을 잘 알고 있었던 것 같다. 남자들을 위한 사랑방 모임이 활발하게 퍼

---

17. 북장로교: 미국의 보수적인 개혁파 복음주의 교단. 초기 한국 장로교회는 북장로교선교회(PCUSA)의 선교사들의 영향을 많이 받아, 정통 보수주의의 신학적 입장을 견지했다.

18. J. Herbert Kane, *A Global View of Christian Missions*, p.265.

19. 정석산, *The Evangelization of Korea and The Nevius Principles*, p.68.

20. 정석산, *The Evangelization of Korea and The Nevius Principles*, p.68.

져 나갔고, 여자들을 위해서는 안방 모임이 있었는데, 그들은 모일 때마다 성경 공부를 통해 신앙 훈련을 받을 수 있었고, 불신 이웃을 초대하여 복음을 나눌 기회를 만들 수 있었다.[21)]

"1895년에서 시작하여 그 후 10여 년간은 선교 지역 전반에서 꾸준한 성장이 계속되었다. 1900년 한 해만 해도 교인이 30퍼센트 이상 증가하였다. 선교사가 그들을 가르칠 수 있는 한계를 넘어 새 신자는 계속 생겨나고 선교사들이 발을 들여놓을 수 없는 벽지에까지 전도의 문이 열려 있었다. 이러한 일은 대부분 조직화된 전도 운동으로 인해 일어난 것이 아니라 성도들이 일상생활을 통해 가는 곳마다 복음을 단순하면서 진지하게 나눈 개인 전도의 결과였다."[22)]

한국 초대 교회의 기본 정신은 선교사 중심이나 목회자 중심이 아니라 평신도 중심의 교회를 세우는 데 있었다. 평신도를 훈련하여 교회 안에서 상호사역의 봉사를 하게 하고 세상에서 말과 행위로 그리스도를 증거할 증인으로 파송하는 데 역점을 둔 성경적인 정신이 있었다. 이것을 위해 사랑방과 안방 모임과 같은 소그룹이 제자를 만들어내는 요람으로 이용되었던 것이다.

---

21. 백낙준, *The History of Protestant Missions in Korea*, p.151.
22. J. Herbert Kane, *A Global View of Christian Missions*, p.265.

 이렇듯 초대 교회에는 자연적 제자훈련과 영적 승법번식[23]이 각 가정과 교회에 일어나 자연적 성장을 이루었으나, 지금은 목회자에 대한 맹신과 수동적인 말씀 공부의 형태에 젖어 평신도들이 스스로의 역량을 제한하고 있는 상태이다. 이러한 상황에서 벗어나 초대 교회의 정신을 살려 평신도 중심의 교회를 세우는 과정이 바로 제자훈련이다. 우리가 지금 처해 있는 환경은 그 당시와 비교가 될 수 없을 만큼 다르다. 방법론만을 가지고 따지자면 그때 교회가 사용하던 방식을 그대로 모방할 수 없을지도 모른다. 그러나 초창기의 평신도들이 소중하게 생각하고 그들의 신앙 생활의 기본으로 삼았던 정신만은 얼마든지 계승할 수 있는 것이다. 지금이야말로 우리의 위대한 선배들이 남겨 준 정신적 유산을 다시 찾아 삶에 녹여내야 할 때이다.

목사 기죽이는 사람들

 지금 우리 곁에도 보이지 않는 곳에서, 또는 보이는 곳에서 전심

---

23. 승법번식: 사람들에게 복음을 전하고 양육하고, 양육된 사람들이 또 다른 사람에게 복음을 전하고 양육하는 식으로 전도, 육성, 훈련, 파송을 통해 믿는 자의 수가 급격히 증가하는 양태.

을 다해 교회와 성도들을 섬기고 있는 평신도 사역자들이 있다. 매일 아침 예배당 청소를 하는 평신도, 교회 버스를 운전하는 평신도, 주보를 만드는 평신도, 강단 꽃꽂이를 하는 평신도, 가정에서 소그룹 모임을 인도하는 평신도, 골방에서 교회를 중보하는 평신도….

인천에 있는 은혜의교회에는 부교역자는 물론 유급 직원이 없다. 담임목사를 제외하면 유급 직원은 찬양사역자 한 명이 있을 뿐이다. 나머지 사역은 모두 평신도 사역자들의 몫이다. 이제는 평신도 사역자들의 정확한 숫자조차 파악하기 힘든 실정이다. 이 교회의 평신도 사역자들은 제자훈련을 통해 섬김의 종으로 오신 예수 그리스도를 본받는 것에 대한 강한 자부심을 갖는다.

이 교회는 처음 제자훈련을 받은 사역자를 존귀하게 여기고 가장 앞에 세운다. 선배들의 헌신과 수고는 그대로 후배 사역자들에게 녹아든다. 이들은 사역자로 세워진다는 것에 대한 자부심이 대단하다. 매년 초, 자신이 가장 잘할 수 있는 영역과 시간을 적어 청지기 지원서를 제출하고 묵묵히 봉사한다. 어느 누구의 간섭도 제재도 없다. 물 흐르듯 자연스럽게 사역이 진행되는 것이다. 각각의 부서를 섬기는 일은 물론 사무실 도우미를 비롯해, 청소, 화단에 물주기, 꽃꽂이, 코디, 미디어, 홍보 등 모든 영역에서 평신도 사역자들이 활동하고 있다. 목회자를 의식하지 않고 하나님을 의식하며 헌신 봉사하고 그 헌신을 통해 서로 은혜를 체험하고 나눈다.

교회 업무를 총괄하고 있는 김은아 집사는 이렇게 말한다. "보통 스태프 리더로 세워지기까지 8, 9년이 걸립니다. 그런 만큼 리더들의 자부심도 대단하죠. 모든 사역자들이 전도와 훈련은 물론 모든 헌신에 능동적으로 동참하고 있습니다. 목사님은 성도들의 이러한 봉사가 목회자를 위한 헌신이 아니라 하나님을 위한 헌신이 되도록 올바른 헌신의 목적을 가르치십니다. 더불어 평신도 사역자들은 말씀을 통해 변화되고 기쁨으로 봉사하며 하나님의 영광을 위해 자신의 삶을 드린다는 것을 확신하게 됩니다."

은혜의교회에는 각 부서의 스태프 리더가 있지만 겉으로 드러나지는 않는다. 교회는 리더를 임명할 뿐 모든 제반 운영은 스태프 리더에게 일임한다. 실수에 대해서는 관용을 베풀고, 다시 자리 잡아가기를 기다린다. 이제 스태프 리더들도 자신이 알아서 해야 한다는 것을 잘 안다. 그 결과 스태프 리더들은 목회자에게 의존하기보다는 스스로 서려는 노력을 보인다. 스태프 리더들뿐만 아니라 팀원들도 스스로 할 일을 찾아 사역을 개발한다. 이는 교회의 시스템 발전은 물론 스스로가 전문가로 자리 잡는 계기가 됐다.

한 평신도 사역자의 헌신과 노력으로 시작된 은혜의교회 영아부는 '전 세계 제일'이라는 자부심을 갖게 할 만큼 자리를 잡았다. 노인대학도 스태프 리더 한 사람만 임명해 모든 것을 맡겼는데 성공적으로 정착했다. 이는 모두 보이지 않는 곳에서 움직이는, 셀 수 없이 많은 평신도 사역자들의 땀과 눈물로 이루어진 것이다.

또 이런 교회도 있다. 장년부만 1,000여 명이 모이는 교회에 사찰도 없고 운전기사도 없다. 있다면 사무를 보는 유급직원 한 사람이 전부. 그러고도 교회가 차질 없이 움직일 수 있을까? 방법은 간단하다. 전 교인이 사찰 역할을 하면 된다. 교회당 청소에서 차량 운행까지 모두.

"봉사하지 않으면 직분도 맡지 말라." 이 말은 행신중앙교회의 불문율이다. 아니 한 걸음 더 나아가 '전 교인의 자원봉사자화'를 추구한다. 주일이나 주중이나 예배당은 봉사거리를 찾아 나오는 교인들로 활기가 넘친다. 여기서 한국 교회가 잊고 있었던 또 하나의 교회 문화를 발견한다. 자원봉사 문화.

우선 '차량부'. 1종 대형면허 소지자가 이 부서의 회원 자격이다. 이들이 교회 차량을 교대로 운행한다. 여기에 소형 승용차들까지 가세해서 신도시 목회의 요건인 원거리 차량 운행을 별 문제 없이 해결하고 있다.

노호곤 장로(문구도매상 운영)는 아예 자신의 승합차에다 교회 이름을 새겨 넣고 새벽기도회의 차량 운행을 전담한다. 화장실 청소 역시 그의 몫이다. 소매를 걷어붙이고 화장실 바닥을 닦는 젊은 장로님을 통해 자원봉사 문화는 후배들에게 자연스럽게 전수된다.

교회 청소와 식당 봉사는 구역이 번갈아 가면서 맡는다. 아예 평신도 사역자 두 명(주부)은 주중에 정기적으로 나와서 청소 당번을 선다. 대학 강의실처럼 각 부서들이 시간제로 사용하는 교회 공간의 경우, 모임을 마치고 나서 꼭 청소 시간을 갖고 정돈을 해 둔다. 다음에 사용할 사람들을 위한 최소한의 예의인 셈이다. 어디나 청소 도구들이 비치돼 있다. 어떤 이는 매일 잊지 않고 화장실 수건을 깨끗이 빨아서 걸어 둔다.

교회 프로그램에도 평신도 사역자들이 참여한다. 문화강좌가 대표적이다. 학원에서 종이접기를 가르치는 강사는 시간을 내 교회에서 종이접기 교실을 연다. 물론 강사료는 받지 않는다. 미술반도 그렇고 꽃꽂이반, 청소년 논술지도반, 서예반, 영어·일어회화반 등도 평신도 사역자들의 참여로 진행된다. 이 같은 문화강좌에는 불신자들까지 참여함으로써 전도의 접촉점이 되기도 한다. 교회 안에서뿐 아니라 밖에서도 평신도 사역자들의 손길은 이어진다. 무의탁 노인들에게 김치를 담가 주기도 하고 결식 아동을 위한 식사 제공과 보호시설에 수용된 이들을 찾는 일도 꾸준히 전개되고 있다.

내가 섬기고 있는 사랑의교회는 다락방[24]과 함께 성장해 왔다. 평신도 지도자들, 특히 남녀 순장[25]들의 눈물과 땀, 그리고 한 영혼을 위해 쏟는 아름다운 사랑이 그 밑거름이 된 성장이다. 다락방을 시작하던 초창기 2, 3년은 매우 어려운 시기였다. 오직 주님만이 기억하고 계실 평신도 지도자들의 향기로운 열심과 봉사가 없었더라면 오늘의 풍성한 열매는 결코 기대할 수 없었을 것이다. 다음에 소개하는 이야기는 자신을 드러내고 싶어하지 않는 형제 자매들이 교회의 유익을 위해 털어놓은 것을 조심스럽게 정리해 본 것이다.

다락방이 조금씩 자리를 잡기 시작하던 1980년 초, 사랑의교회에 등록한 정 집사는 교회 바로 앞에 있는 진흥아파트를 100퍼센트 전도한다는 야망을 품고 잠실에서 서초동 전셋집으로 이사를 하더니 본격적인 다락방 개척에 몸을 던지기 시작했다. 당시 잠실은 교회에서 거리가 멀고 교통이 나빴다. 그래서 그는 전도한 사람들

---

24. 다락방: 사랑의교회 장년부 소그룹 모임의 이름. 한 명의 순장과 그가 지도하는 한 명 이상의 순원으로 이루어진다.
25. 순장: 제자훈련 과정을 마치고 다락방을 인도하는 평신도 지도자.

이 여럿 있었지만 다락방을 미처 구성하지 못하고 있다가 서초동으로 이사한 후 그들을 묶어 다락방을 시작하였다. 얼마나 전도를 열심히 했던지 5명으로 시작한 다락방이 석 달이 채 못 되어서 열일곱 명이 모이게 되었고, 곧이어 2개, 3개 다락방으로 나뉘었다.

그때 그는 순장반이 있는 화요일만 빼고는 월요일에서 토요일까지 쉬지 않고 다락방 인도를 했다. 보기에 안쓰러울 만큼 몸도 약한 사람인데 어떻게 그렇게 했는지, 성령이 부어 주신 힘이라고밖에는 설명할 수가 없었다. 나중에는 전도를 하도 많이 하니까 어느 부교역자가 자료로 사용하도록 한 사람씩 기록을 하라고 한 모양이었다. 그 일에 대해 언젠가 그는 이렇게 말해 주었다.

"그 말씀을 듣고 계속 수첩에 기록을 했지요. 그런데 100명이 넘으면서부터는 도저히 안 되겠다 싶어서 이름도 기록하지 않고 몇 명 전도했는지도 기억하지 않기로 했어요. 내가 이만큼 전도했다는 교만한 마음이 들 것 같아서요."

그는 그렇게 전도하고 다락방을 인도하면서도 힘들다는 생각은 전혀 하지 않았다고 한다. 다만 그가 맡고 있던 두 다락방에 사이가 좋지 않은 고부간이 순원[26]으로 속해 있었는데, 밤낮으로 몇 년 동안 양쪽 이야기를 다 들으면서 살얼음판을 걷듯 처신했던 일이

26. 순원: 다락방의 구성원들.

가장 어려웠다고 술회하기도 했다. 이제는 두 사람 모두 아주 성숙하고 서로 사랑하는 좋은 일꾼들이 되었다는 말과 함께.

또 다른 평신도 지도자의 이야기이다. 1983년 9월 9일, 과천다락방을 개척해 첫 모임을 가진 김 집사는 혼자 상을 펴고 앉아 교재 내용을 스스로에게 물어 보고 스스로 대답하며(귀납법적으로) 다락방 모임을 진행하고 있었다. 아무도 모임에 참석하지 않았기 때문이다.

김 집사는 원래 열렬한 불교 신자여서, 날마다 가정 법회를 드리던 사람이었다. 어쩌다가 전도하는 사람이 문을 열고 들렀다 가는 날에는 부정 탄다고 현관에다 소금을 뿌리며 법석을 떨 만큼 유별난 사람이었다. 그러던 그가 인간 존재에 대한 회의와 남편과 아버지로서의 자신의 정체성을 놓고 고민하던 중 스스로 기독교로 개종하게 되었다. 가톨릭을 비롯한 기독교의 모든 교파를 일 년 동안 섭렵한 후 1981년 9월, 김 집사와 그의 가정은 사랑의교회에 발을 들여놓게 되었다. 그리고 그날로 그의 가정은 가정 법회를 가정 예배로 바꾸었고, 완전히 성경 공부에 몰입했다.

나는 제자훈련에 미친 목사였지만 그는 다락방에 미친 평신도였다. 교회에서 맡긴 다락방 하나만 하고 앉아 있을 수 없다면서, 남자 교인 명단을 받아 가지고 직접 심방을 다니면서 다락방을 만들기 시작했다. 그의 심방 스케줄은 나름대로 철저하게 준비된 것으로, 일단 교회에서 명단을 받으면 그 집의 형편, 취미는 물론이고 어떻게 살아왔으며 어떤 비전을 가진 사람인지, 무슨 얘기를 하면 질색하고 무슨 얘기를 하면 신바람이 나는지에 대해 그야말로 최대한의 정보를 수집하는 것이었다. 그리고 그 정보들을 놓고 기도했다. "하나님, 이런 사람인데 어떤 말씀을 들고 가면 되겠습니까?"

며칠 동안 성경을 보면서 알맞은 말씀이 나오면 그것을 들고 사람을 찾아갔다. 한 번에 끝나는 심방이 아니라 그 사람이 다락방에 나올 때까지 찾아가는 것이다. 5~6년을 쉬지 않고 심방한 사람도 있었으니 양쪽 모두 대단한 사람들임에 틀림이 없는 것 같다.

그는 여러 사람을 심방하는 중에 인간적으로 견딜 수 없는 모욕도 많이 받았다. 언젠가는 동행했던 다락방 총무가 참다 못해 "순장님! 저 자식 들어서 밖으로 던져버리고 갑시다!"라고 흥분한 적도 있었다고 한다.

다락방의 급격한 세포 분열이 시작되면서부터 그는 심방을 할 때마다 항상 다락방 총무들을 데리고 다녔다. '나를 보고 따라하라.'는 배려였다고 했다. 다락방 개수는 계속 늘어났고 김 집사는 7~8년 동안 금요일 밤에는 잠을 자지 못했다. 금요일 밤 다락방을 마치고 집에 오면 12시가 넘는데, 토요일 새벽 다락방이 4시 반에 시작되기 때문이었다. 서초동과 과천에 그가 개척한 남자 다락방은 열여덟 개가 되었다.

다락방에서 성경 공부를 하다가 성경을 찢어버리고 뛰쳐나가던 순원, 부부싸움을 하고 찾아와 양쪽 방에 앉아 하소연하며 밤을 새우던 순원 부부, 만취가 되어 찾아와 밤새 주정을 하던 초신자 순원, 툭탁거리고 싸우기도 했던 순원들 등 그의 기억 속에는 셀 수 없이 많은 이야기들이 들어 있다. 그는 때때로 옛날을 회상하며 웃는다.

얼마 전에는 사랑의교회 장로 가운데 두 사람이 선교사로 떠났다. 나이가 50대 중반이 넘었는데, 후반기 인생을 선교지에 가서 일하고 싶다며 1년 동안 선교 전문 기관에 가서 철저하게 훈련을 받았다. 그래서 한 명은 블라디보스토크에 있는 대학의 한국어과 교수로, 또 한 사람은 연변과기대 정보통신학과 교수로 떠났다.

나는 그들과 적어도 15년 이상 함께 신앙생활을 해 왔다. 그들은 나에게서 제자훈련을 받았고, 장로가 되어서 교회를 섬긴 사람들이다. 그들은 성공한 인생을 살았으며, 퇴직금만 갖고도 편하게 살 수 있는 사람들이다. 그럼에도 불구하고 참 어려운 곳을 찾아갔다. 블라디보스토크로 가는 장로는, 학교에서 방을 하나 주는데 거기에는 주방도 없다면서 이렇게 말한다. "목사님, 거기 가서 연단

좀 받아야죠." 그래서 나는 이렇게 대답했다. "하나님은 왜 당신 같은 사람을 목사로 부르지 않고, 나를 목사로 불렀는지 모르겠습니다. 당신들이야말로 인격으로나, 헌신으로나 목사 기죽이기 딱 좋은 사람들인데, 왜 당신 같은 사람들을 부르지 않고, 나 같은 사람을 불렀는지 모르겠습니다."

전 생애, 전 인격을 바쳐 복음을 증거하고 하나님을 예배하는 사람들. 내 주변에는 이런 평신도들이 한둘이 아니다. 그리고 이런 평신도 사역자들은 어느 교회에나 꼭 있기 마련이다. 이 사람들이 없으면, 교회는 설 수 없기 때문이다. 이들은 비단 순장 사역뿐 아니라, 각자의 은사에 따라 다양한 영역에서 뛰고 있다.

목회자보다 더 헌신적으로 주님을 섬기고 있는 이들을 볼 때마다 나도 모르게 정신이 번쩍 든다. 나는 사례비를 받아가면서 일하는 사람이고, 그들은 헌금을 내면서 일하는 사람들이다. 이러다가 주님 앞에 설 때 내 자리가 어디일까 생각하면 두려운 마음마저 든다. "목사 기죽이는 사람들…." 그들을 보면서 나 혼자 중얼거리는 말이다. 어쩌면 그들은 목회자인 나를 길들이기 위해 하나님께서 내 가까이 두신 천사들인지도 모른다.

제4장 대사명

하나님은 성도들을 지상 교회로 부르셨다.

우리는 특권과 함께 소명을 자신의 신앙으로 고백할 수 있어야 한다.

특권만 알고 소명을 모르는 절름발이 교회를 만들지 말아야 한다.

부름받은 특권을 누리고 있는가? 그러면 보냄받은 소명에 순종해야 한다.

우리 각자는 개인적으로 예수 그리스도를 나의 주, 나의 하나님으로 영접해 죄 사함을 받고 구원을 얻었다. 그러나 하나님은 우리 모두를 교회라는 한 가지 이름으로도 부르셨다. 모든 성도는 교회라는 이름으로 모여 훈련과 권징을 받고 교제를 나누며, 공예배[1]를 드린다. 예수 그리스도께서 교회를 세우신 가장 중요한 목적은 바로 그분의 복음을 교회 내에서, 그리고 교회 밖에서 증거하는 것이다. 이것이 바로 교회에 주신 가장 큰 사명이다(마태복음 28장 18~20절).

---

1. 공예배: 고린도전서 11장 17~29절, 14장 26~32절에 기초하여, 예수 그리스도께서 부활하신 날을 주일로 정해 교회의 모든 성도가 한자리에서 드리는 일정한 형식의 예배.

교회란 무엇인가

"고린도에 있는 하나님의 교회 곧 그리스도 예수 안에서 거룩하여지고 성도라 부르심을 입은 자들과 또 각처에서 우리의 주 곧 저희와 우리의 주 되신 예수 그리스도의 이름을 부르는 모든 자들에게"(고린도전서 1장 2절).

성경에서는 하나님의 교회를 '성도'와 '그리스도의 이름을 부르는 자'라고 설명한다. 또한 교회는 하나님의 권속, 즉 가족이라는 말로 불린다(에베소서 2장 19절). 신약 성경에서 교회를 가리키는 용어 중에 가장 일반적으로 사용되는 것이 '에클레시아'(eklesia)라는 헬라어이다. 이것은 하나님의 택함을 입은 사람들의 모임, 혹은 회중을 가리킨다. 더 엄격하게 이야기하면 에클레시아는 회중이 모이는 과정과 한자리에 모여 있는 공동체를 다 포함하는 의미를 갖고 있다.[2]

하나님은 자기 백성을 낳으신 분이다(요한복음 1장 12, 13절). 그가 그들을 만드시고 부르시고 보존하시고 구원하신다. 하나님의 백

---

2. Hans Küng, *The Church*, p.120.

성, 그리고 그 백성들의 모임인 교회는 예수님이 부활하신 후에 그를 하나님의 아들이며 그리스도로 고백하는 사람들이 나타나면서 시작되었다. 그들은 흑암의 권세에서 건짐을 받아 하나님의 아들의 나라로 옮겨진 새로운 백성의 무리들이다(골로새서 1장 13절). 이런 의미에서 교회는 택하신 족속이요 거룩한 나라가 된다(베드로전서 2장 9절). 교회는 하나님 아버지 안에 있기 때문에 세상의 어떤 모임과도 구별되고 예수 그리스도 안에 있기 때문에 다른 종교 모임과도 구별된다.

한편 세상으로부터 부름받은 하나님의 백성인 교회는 예수님이 오셔서 실현하실 하나님 나라의 세상적인 표현이라고 할 수 있다. 하나님 나라가 보다 포괄적인 하나님의 통치 영역을 의미한다면 교회는 그 통치권 안에 속해 있는 과도기적 제도라고 보아야 할 것이다. 과도기에 있는 교회는 미래에 주님이 오실 때 완성될 하나님 나라의 도래를 겸손하게 간절히 기다려야 한다. 교회는 아직 집에 도착하지 못하였다. 영원한 도성을 향해 순례의 길을 걷고 있다.

그러므로 지금의 교회는 종말을 알리는 표지이며 앞으로 무엇이 도래할 것인가를 알리는 게시판과 같다. 왕이 오실 때 교회는 왕국을 물려받을 것이고 그 왕국은 온 우주에 실현될 것이다.[3]

---

3. Peter Kuzmic, *"The Church and Kingdom of God"*, 휘튼 83국제복음주의대회.

교회가 선택받은 자의 모임이라는 정의는 보이는 교회와 보이지 않는 교회를 다 포함하고 있다. 그러나 선택받은 자의 모임이라는 정의 자체가 지금 우리가 속해 있는 교회보다는 보이지 않는 종말론적 교회에 그 무게가 더 실려 있다는 것을 부인할 수 없다. 이 말대로라면 지상 교회는 마치 이미 완성된 실체인 것 같고, 예수 그리스도 안에서 값없이 누리게 된 영광에 도취되어 이제 다른 것은 다 잊어도 될 것 같은 인상을 받는다.

구원을 받았으니 이제 되었다는 일종의 안도감 때문에 주님의 일에 미온적이거나 무관심으로 일관하려는 평신도가 얼마나 많은가. 많은 평신도들이 마치 자신들은 소명을 받지 않은 양 대단히 흡족해 하고 있다. 전 교회는 부름받은 하나님의 백성이다. 평신도가 깨어나기 위해서는 지상 교회의 정의를 다시 써야 할 것이다. 지상 교회는 세상으로부터 부름받은 특권만 가진 것이 아니다. 세상으로 보냄받은 소명을 함께 가지고 있다. 천상의 교회라면 세상으로 보냄받을 필요가 없고 세상에 나가 복음을 전할 이유가 없을 것이다.

하나님은 성도들을 지상 교회로 부르셨다. 우리는 특권과 함께 소명을 자신의 신앙으로 고백할 수 있어야 한다. 그래서 특권만 알고 소명을 모르는 절름발이 교회를 만들지 말아야 한다. 부름받은 특권을 누리고 있는가? 그러면 보냄받은 소명에 순종해야 한다.

교회는 무엇을 해야 하는가

성도는 왜 이 땅에서 살아가야 하는가? 우리는 이 질문에 일반적으로 하나님의 영광을 위해서라고 대답한다. 아마 가장 간략하면서도 가장 정확한 대답일 것이다. 교회가 만물 안에 충만하게 되면 모든 것이 하나님의 영광으로 귀착될 것이 틀림없기 때문이다. 그러나 하나님의 영광을 위해서라는 표현은 다소 추상적이라는 데 그 흠이 있다. 무엇을 가지고 어떻게 해야 성도가 하나님의 영광을 위할 수 있는지 말하지 못하고 있다. 좀더 구체적이고, 실제적으로 나누어 본다면, 성도를 이 땅에 보내신 이유는 세 가지 정도로 이야기할 수 있다.

제일 먼저 성도는 하나님을 예배하기 위해 존재한다. 하나님이 세상에서 성도를 부르신 것은 자신의 이름에 합당한 영광을 돌리도록 하기 위한 일이었다. 그러므로 교회의 첫째 의무는 하나님을 예배하는 것이다. 하나님의 백성이 가장 먼저 배워야 할 일은 자기들을 거룩히 구별하신 하나님께 경배하는 것이며, 그들이 가장 먼저 초대받은 영광의 자리는 하나님을 예배하는 거룩한 존전이다.

이 예배의 성격은 그것이 전 인격적인 제사라는 데 특징이 있다.

하나님의 백성은 다 같이 한 몸을 이루어 머리 되신 그리스도를 통해 그들 자신을 하나님이 기쁘게 받으실 신령한 제사로 드리는 거룩한 제사장이 된 것이다(로마서 12장 1절; 베드로전서 2장 5절). 무엇보다 교회의 예배는 하나님의 인격에 근거를 둔다. 우리는 그가 누구인지 먼저 알고 그에게 합당한 예배를 드려야 한다(시편 29편 2절; 요한계시록 4장 11절). 그리고 하나님이 교회를 위해 행하신 사역, 즉 창조와 구속에 근거를 둔 예배라야 한다.

그렇다면 어떤 형식의 모임을 예배라고 부를 수 있을까? 지금은 예수 안에서 새로운 시대가 도래하였기 때문에 우리는 구약 시대의 예배 형식은 물론, 전통적으로 굳어진 어떤 형식에든 매일 필요가 없으며 그것으로 만족할 수 없다.[4] 예수님은 말세 교회의 예배를 신령과 진정으로 드리는 예배라는 말로 요약하셨다.

이런 면에서 지적하고 싶은 한 가지는 우리의 신앙 생활이 지나치게 공예배 일변도로 흐르고 있다는 사실이다. 목회자는 주일 예배를 준비하고 인도하기 위해 있는 사람처럼 보인다. 목사와 함께 모이는 자리는 대개 일정한 형식의 예배를 드리고 난 다음에야 다른 일들을 다룬다. 심방도 예배가 목적이 되어 있다. 정기 예배 출석만 잘하면 아주 믿음이 좋은 사람으로 인정받는다. 그래서 "나,

---

4. S. C. Farris, *Dic. of Jesus and Gospel*, p.892.

예배 드렸어." 하면 일주일 간의 신앙 생활의 모든 요건을 다 충족한 것처럼 생각하곤 한다.

그러나 주일 예배 시간뿐 아니라, 우리 삶의 매 순간이 모두 예배로 드려져야 하며, 모여서 함께 기도하고 성경 공부를 하는 것 등 비형식적인 성도들의 만남도 모두 예배로 인식해야 한다. 성도의 존재의 목적이 예배이기 때문이다.

다음으로 성도들의 공동체는 세상을 구원하기 위해 존재한다. 교회는 그리스도의 증인으로 부름을 받아 다시 세상으로 보냄을 받은 성도의 모임이다. 땅끝까지 복음을 전하는 것은 세상을 위해 전 성도가 해야 할 가장 중요한 의무다. 목회자나 평신도를 막론하고 전 교회가 이 일을 위해 부름받았다. 교회의 지체로서 교회 안에 있는 자는 누구나 그 일을 수행할 은사를 가지고 있다.

마지막으로 성도들의 공동체는 성도를 양육하고 훈련하기 위해 존재한다. 성도 한 사람은 인간이 가진 무지와 나태라는 본성을 지니고 있기 때문에 그가 성숙한 신앙인으로 자랄 때까지 교회는 보살피고 길러야 한다. 그러므로 성도는 그 연약함 때문에 다른 성도들과의 교제와 신앙 생활을 평생 떠날 수 없는 것이다.[5]

예수님은 세상을 떠나시면서 자신의 말씀을 순종하는 데까지 가

---

5. 장 칼뱅, 『기독교강요』, 제4권 1장 1절, 4절, pp.45~51.

르치라고 명령하셨다. 그래야 제자가 만들어질 수 있다고 하셨다. 서신서[6]를 보면 성도를 온전케 하는 제자 삼는 사역을 위해 교회의 머리 되신 주님께서 세 가지를 주셨다. 가르치는 교사를 주셨고(에베소서 4장 11절), 가르치는 내용인 성경 말씀을 주셨고(디모데후서 3장 16, 17절), 직접 탁월한 모델이 되어 가르치는 방법을 주셨다(골로새서 1장 18, 19절). 성도는 끊임없이 교회를 통해 하나님을 배우고 닮아 가는 제자가 되어야 한다.

　지금까지 우리는 교회 된 성도의 존재 이유를 세 가지로 나누어 살펴보았다. 한 가지 명심해야 할 것은 이 세 가지가 각자 따로 놀 수 있는 것이 아니라는 사실이다. 서로가 밀접하게 연관되어 있어서 그 중에 하나라도 잘못되면 전부가 제 구실을 할 수 없게 된다. 그러므로 예배와 전도와 훈련 가운데 어느 하나라도 소홀하게 다룰 수가 없다.

　역사적으로나 현실적으로 교회는 그 자체의 불완전함으로 인해 세 가지 중 어느 하나를 선택하여 존재의 목적으로 삼는 약점을 가져 왔다. 신학자들 중에는 교회가 마치 하나님만을 위해 존재하는

---

6. 서신서: 사도들이 초대 교회 성도들에게 보낸 편지. 바울이 로마교회에 보낸 로마서, 야고보의 야고보서, 베드로가 보낸 베드로전·후서 등 21권이 있다.

것같이 이야기하는 사람이 있는가 하면 최근에는 세상만을 위해 존재한다고 주장하는 사람들이 늘어가고 있다. 이와 같이 어느 한쪽으로 지나치게 기우는 것은 바람직하지 않다. 하나님께서는 성도의 영광스러운 예배와 잃은 양들이 돌아오는 축제와 그의 자녀가 그리스도의 장성한 분량까지 자라는 성장, 이 모든 것을 통해 영광받으시길 원하신다. 그 중에 어느 한 가지라도 잃어버리는 것은 그의 뜻이 아니다.

현대 교회의 평신도들은 주의 일과 세상 일을 구별하는 이원론에 빠져, 자기는 평생 세상 일에 열중하다 심판대 앞에 서야 한다는 죄책감과 불안에서 벗어나지 못하고 있다. 그러나 우리 몸은 이미 성령께서 거하시는 성전이다(고린도전서 6장 19절). 따라서 우리 몸 안에서, 그리고 우리 몸을 통해 일어나는 모든 일과 생활이 주님께 드려지는 예배인 것이다. 그러므로 우리의 삶은 그분의 영광을 위해 예배하고 영적 제사를 드리고 훈련받는 교회가 되어 오직 제자의 길로 가야 할 것이다.

소그룹, 또 하나의 교회

성도가 이와 같은 목표에 의해 살아가기 위해서는 다른 성도들과 함께 신앙 생활을 하는 것이 효과적이라고 앞서 밝힌 바 있다. 그러나 인간 본연의 개인주의적인 성향과 익명성 때문에 교회 내에 있어도 신앙 생활의 독려를 받지 못하고, 홀로 길을 걸어가는 이들이 우리 주변에는 너무 많다. 이러한 현상으로 인해 초대 교회에서부터 현대에 이르기까지 소그룹이라는 단위는 교회 안에서 성도들의 가장 가까운 곳에 늘 존재해 왔다.

소그룹은 참여하는 사람들 사이에 인격적인 상호작용이 일어날 수 있는 교육 환경을 말한다. 그러기 위해서는 개인이 실종되지 않는 작은 규모로 모여야 한다. 예수님은 제자들과 보낸 3년 동안의 경험과 결과를 통해, 제자훈련에 있어 소그룹의 성격과 기능을 웅변적으로 증명하셨다. 예수님은 자신이 왜 소그룹의 형식을 선택하셨는지 직접 설명하신 적이 없다. 그리고 교회는 반드시 소그룹으로 조직되어야 한다는 명령을 하신 일도 없다. 그럼에도 초대 교회는 예수님의 전례를 따라 수많은 작은 모임들로 구성된 독특한 성격의 공동체를 이루어 갔다.

최초의 교회인 예루살렘교회가 가장 좋은 예가 될 것이다. 그들은 모두 함께 모이기도 했지만, 실제적인 성도의 교제와 새 생명의 기쁨을 맛볼 수 있었던 곳은 가정에서 모이는 소수의 그룹에서였다 (사도행전 2장 42, 46절). "그들은 가정 교회와 같은 매우 기동성이 높은 형식을 통하여 교제의 단위를 이루고 있었다. 그들은 사적으로 만나기도 하였고 공적으로 모이기도 하였다. 그들은 이 작은 교제의 단위를 사회의 각 계층 안에 만들어 두고, 그들과 접촉하는 모든 계층의 사람들이 죄에서 자유케 되는 해방의 메시지를 들으며 그 메시지가 주는 영향을 볼 수 있게 하였던 것이다. 그들에게는 대단한 신축성이 있었으나 무질서는 존재하지 않았다."[7]

오늘날의 교회 역시 신약 시대의 교회처럼 소그룹이 필요하다. 교회가 그리스도의 몸이 가지는 기능을 다시 회복하기 위해서는 초대 교회의 체질로 다시 돌아가지 않으면 안 된다. 교회 안에서 이루어지는 제자훈련도 마찬가지이다. 제자훈련은 평신도 사역자를 세우는 일뿐만 아니라 교회의 체질을 유기적인 성격으로 바꾸어 인격적인 관계 형성에 강조점을 두게 하는 데에 또 하나의 목적이 있다. 따라서 제자훈련의 과정에 있어서도 소그룹이 갖는 의미는 매우 크다. 우리가 예수님의 모습을 가장 가까이에서 볼 수 있는 곳이 바

---

7. J. Verkuyl, *The Message of Liberation in Our Age*, p.106.

로 소그룹 아닌가.

내가 섬기고 있는 사랑의교회에는 수많은 소그룹들이 있다. 다른 교회들에도 '구역', '목장', '셀', '속' 등 다양한 이름의 소그룹들이 존재하겠지만, 내가 가까이에서 만나고 겪은 소그룹이 사랑의교회의 '다락방'들이기 때문에 몇몇 다락방의 이야기들을 인용하고자 한다. 지금 하고자 하는 이야기는 사랑의교회의 여자 직장인 16다락방의 이야기이다.

연약한 순원들을 맡아 순장의 사역을 시작하게 된 유 집사는 자신이 이들을 위해 무엇을 할 수 있을까 오랫동안 고민했다. "결국 순장으로서 그들을 위해 할 수 있는 것은 기도밖에 없었어요. 매일 그들을 위해 무릎을 꿇었습니다. 시간이 지나자 순원들의 드세고 다듬어지지 않은 모습은 간 데 없고, 성숙한 신앙인으로 제 앞에 서 있었어요. 부족한 나를 믿고 잘 따라 준 순원들에게 고맙고, 하나님께 감사할 뿐입니다."

여자 직장인 16다락방의 순원들은 유 집사의 '눈물의 기도'를 기억한다. 그 기도는 순원 한 사람 한 사람의 가슴에 '사랑'이란 이름으로 새겨져 있다. 한 순원의 말이다. "저는 다락방을 통해 많은 은혜를 경험했어요. 특히 순장님과 여러 순원들의 은혜에서 나오는 간증은 저를 성장시키는 원동력이었어요. 다락방이 없었다면 꾸준한 신앙 생활을 하기 힘들었을 거예요."

또 다른 순원은 이렇게 고백했다. "대형 교회라는 특성상 형식적인 신앙 생활로 흐를 수 있겠다는 걱정이 앞섰죠. 하지만 하나님께서는 저를 위해 아름다운 사람들을 준비하고 계셨습니다. 바로 우리 다락방 식구들 말이에요. 저와 같은 초신자들에게 있어 다락방은 깜깜한 밤을 밝히는 등대와 같은 역할을 한다고 생각해요."

소그룹은 사람들의 태도와 가치관과 성격에 새로운 변화를 일으키는 중요한 역할을 한다. 하나님의 자녀들이 소그룹에서 말씀을 중심으로 영적인 깊은 교제를 나누면 성령께서 그들을 치료하는 일을 하신다. 소그룹은 성령이 사용하시는 자연스러운 채널이다. 대집회에서 기대할 수 없는 일이 소그룹에서 일어나는 것은 소그룹이 지닌 치료의 기능[8]에 그 원인이 있다. 소그룹의 치료의 기능에는 여러 가지가 있겠으나, 그 중 몇 가지 중요한 것들을 살펴보도록 하자.

우선 일반화(Universality)의 요소를 들 수 있다. 소그룹에 참석하는 사람들은 각자가 자기만이 아는 문제를 안고 있다. 그것은 아무

---

8. Irvin D. Yalom, *The Theory and practice of Group Psychotherapy*, pp.70~104.

에게나 함부로 털어놓을 수 없는 비밀일 수도 있다. 어떤 경우에는 용서를 받을 수 없다는 깊은 죄의식까지 수반하고 있다. 그러나 소그룹에서는 자기 개방이 다른 형태의 모임에서보다 쉽게 나타난다는 특징이 있다. "알고 보니 나만 안고 있는 문제가 아니었구나." 하는 공감대는 그룹의 분위기를 바꾸어 놓을 뿐 아니라 상호 인간관계를 깊은 동정과 사랑으로 묶어 놓는다.

물론 자기 개방을 한다고 해서 무엇이나 털어놓는 것은 아니다. 하나님의 말씀에 각자 자신을 비추어 보면 성령이 고백하게 하고 간증하게 하시는 것이다. 이때에 성령께서는 마음을 여는 열쇠로 말씀을 사용하신다. 그러므로 소그룹 안에서 나누는 각자의 말에는 진실과 간절함이 들어 있다. 다른 사람을 끌어들이는 힘이 있다.

이와 같이 모든 사람들이 말씀을 깨닫고 느낀 바를 근거하여 자기를 이야기하는 분위기에서는 하나님의 말씀 앞에 한 사람도 완전한 자가 없으며 모두가 멀리 보이는 목표를 향해 꾸준히 걷고 있는 보행자라는 것을 알게 된다. 그러면 한결 가벼운 마음으로 말씀에 접근하며 형제들을 이해하고 사랑하게 된다. 우리는 다 한 배를 타고 있다.

두 번째로 중요한 치료 요소로 인격 상호간의 학습(Interpersonal

Learning)을 들 수 있다. 그룹 안에서 자기 개방이 가능해지면 그 모임은 각자가 그 속에서 자기 자신을 재발견하고 재형성하는 작은 사회의 성격을 띠게 된다. 다른 사람을 통해 자기를 더 정확하게 배우게 되는 것이다. 자기의 말과 행동이 다른 사람들에게 무엇을 의미하는가를 평가할 수 있게 된다. 자기에게 무엇이 부족한지 다른 사람과 비교하면서 배우게 된다. 동시에 자기의 장점도 쉽게 발견한다. 영적으로 어떤 은사를 받았는지도 서로의 관계를 통해 알게 된다. 그리고 그 은사를 함께 나누는 데서 자신의 역할의 비중을 알게 된다.

자기가 남에게 중요한 존재라는 사실을 알게 되는 것만큼 한 사람의 태도와 성격에 큰 변화가 일어나는 일도 드물 것이다. 성령께서 우리의 인격을 그가 원하시는 방향으로 다듬으실 때 다른 사람을 사용하신다는 것이 얼마나 놀라운 진리인가? 사람은 사람을 통해 배운다.

사랑의교회 서초3동 1다락방 순원인 유 집사는 다락방에 대해 이렇게 말했다. "대형 교회에 다닌다는 것은 익명성이 보장되기 때문에 어떤 의미에서는 편안한 신앙 생활을 보장받는다고 할 수 있을 거예요. 그런 만큼 성도 간의 교제가 어려워 손님으로 다니는 느낌을 많이 받았던 것이 사실이고요. 하지만 다락방을 통해 성도 간

교제가 무엇인지 알 수 있게 되었고, 적은 숫자가 함께 교제한다는 것이 얼마나 큰 기쁨이고 신앙에 격려가 되는지 새삼 깨닫게 되었습니다."

인격의 완성은 인격적 상호관계를 통한 학습에서도 얻어진다는 것을 우리는 소그룹을 통해 잘 알 수 있다. 그러나 인격 수정이나 새 사람을 입는 과정이 반드시 소그룹에서만 일어나는 것은 아니다. 교회 생활 전반을 통해 계속적으로 체험되는 것이 사실이다. 단지 소그룹 안에서는 그 가능성이 훨씬 높다는 것을 말하는 것이다.

세 번째로 모방이라는 요소를 소그룹에서 빼놓을 수 없다. 소그룹 안에서는 지도자뿐 아니라 그룹 안에 있는 모든 형제 자매들이 모방의 대상이 된다. 목회자가 신앙 생활이나 성경 지식에서 앞선다고 해서 평신도들이 감동하지는 않는다. 대신 그룹 내의 한 형제가 자기보다 앞선다고 생각되면 그의 좋은 점을 본받으려는 강한 의지가 생기곤 한다. 서로를 가까이에서 볼 수 있는 소그룹에서는 각자가 모범의 위치에 서서 다른 형제들이 모방하게 하는 주체가 될 수 있는 것이다.

네 번째로 그룹에 대한 애착심(Cohesiveness)이 소그룹 구성원들을 치료한다. 이것은 자기가 속한 소그룹이 자기에게 중요하고, 소그룹 역시 자기를 필요로 한다는 것을 느낄수록 강해진다. 강한 애착을 가지면 가질수록 그들은 거기서 받는 지도와 결정에 그만큼 더 의존하게 된다. 그룹에 대한 애착심이 강하면 그 모임은 더 생산적이고 사기가 높으며 효과적으로 운영할 수 있다. 분위기도 밝고 화기애애해지며 출석률도 대단히 좋아진다.

사랑의교회 일산 후곡 2다락방에는 가슴 아픈 역사가 있다. 순장의 눈물로 시작된 다락방의 첫 모임이다. 이 집사는 순장 파송을 받고 기대와 염려 속에 후곡 2다락방을 시작했다. 첫 모임이 열리기 전, 순장인 이 집사는 조마조마한 심정으로 모든 순원들에게 전화를 걸었고, 걱정했던 것과는 달리 어렵지 않게 참석 약속을 받아낼 수 있었다. 그는 들뜬 마음으로 순원들과 함께 나눌 말씀과 음식을 준비했다. 그러나 약속한 시간이 되었으나 끝내 초인종은 단 한 번도 울리지 않았다.

"모든 것이 내가 부족해서 그런 것만 같았어요. 순원들의 약속만을 믿고 의기양양했던 나의 모습을 회개하며 눈물의 기도를 드렸습니다. 약속대로 모든 순원들이 참석했다면 아마 제 마음은 교만으로 가득 찼겠죠. 하나님이 미리 아시고 저의 부족함을 깨닫게 하신 것 같아요."

후곡 2다락방의 한 순원은 그 시절을 회고하며 이렇게 말한다. "얼마의 시간이 지나 순원들이 단 한 사람도 참석하지 않았다는 사실을 알았어요. 먼저 순장님에게 인간적으로 미안한 생각이 들었고, 신앙인의 본분을 다하지 못했다는 것에 회개의 기도를 드렸습니다. 당시 순장님의 참담했을 심정을 생각하며 반성하고 각오를 새롭게 다집니다. 만일 그 사건이 없었다면 오늘의 후곡 2다락방은 없었을 거예요."

이 사건은 순원들의 마음가짐을 바꿔놓는 계기가 되었다. '나 하나쯤이야.' 하는 생각이 '내가 안 가면 순장님 혼자 다락방을 지키실지도 몰라.' 하는 염려의 마음으로 바뀌었다. 순장 이 집사도 자신의 부족함을 회개하며 다락방 부흥을 위해 할 수 있는 일이 무엇인가를 고민하고 기도하며 답을 찾았다. 결론은 사랑과 헌신이었다. 다른 대안이 없다는 결론에 도달한 이 집사는 무조건 사랑을 주고 헌신하자는 생각으로 순원들을 섬겼다.

그리고 이제 후곡 2다락방의 제일 큰 자랑거리는 '결속력'이 되었다. 고통의 과정을 이겨내고 얻은 결실이기에 더욱 값진 것이다.

이와 같은 소그룹이 가진 다양한 치료 요소 가운데 마지막으로 한 가지 더 언급하고 싶은 것은 소위 카타르시스(Catharsis)라는 치료 요소다. 사람들은 대개 자기의 생각은 말하지만 느낀 점은 좀처럼 표현하지 않으려 한다. 감정의 교환은 거기에 어울리는 환경이 주어져야 가능한 것이다. 소그룹은 모든 구성원이 자기가 느끼는 바를 어려움 없이 표현할 수 있는 따뜻한 분위기를 만들어 준다는 점에서 큰 이점을 가지고 있다.

비교적 적은 수의 형제 자매들이 모여 마음과 마음이 사랑으로 연결되면 각자가 느낀 바를 솔직하게 표현하고, 평소에 숨겨 두었던 고민을 털어놓는 일이 자주 일어난다. 말하고 싶었던 것을 마음에 담고 속 시원하게 하소연할 대상을 찾지 못해 답답해하던 자들이 소그룹에서 그 배출구를 발견하는 것은 너무나 자연스러운 현상이다. 성령께서 사람을 치료하실 때 그가 창조하신 인간의 심리에 어긋나지 않게 작업하신다는 것을 아는 것은 교회가 감당해야 할 치료 사역에 큰 영향을 끼친다.

지금까지 우리는 소그룹이 지니고 있는 기능과 그 치료 요소에 대해 생각해 보았다. 이것은 제자훈련의 환경을 소그룹에서 찾는 이유가 지도자가 효과적으로 다룰 수 있는 숫자에만 있지 않다는 것을 말하는 것이다. 제자훈련에는 함께 둘러앉아 말씀의 거울에다 각자의 마음을 반사시키는 데서 일어나는 영적 변화가 필요하다. 다시 말해 인격적인 상호 관계를 통해 일하시는 성령의 역사에 큰 비중을 두고 있다는 말이다. 이와 같은 목적에 가장 알맞은 환경이 소그룹이라는 것이다.

그러므로 교회 안에서 성인으로 구성된 모든 소그룹은 자격 있는 평신도 지도자들이 맡지 않으면 바람직한 효과를 기대할 수 없다. 이런 의미에서 제자훈련 소그룹은 훈련과 치료를 겸한 그룹의 성격을 둘 다 활용할 수 있는 가장 적절한 수단이라고 볼 수 있다. 바로 예수님이 3년 동안 진액을 쏟아 제자들을 가르치시면서 함께 울고 웃으셨던 자리가 소그룹이었기 때문이다.

모든 족속을 제자 삼으라

"예수께서 나아와 일러 가라사대 하늘과 땅의 모든 권세를 내게 주셨으니 그러므로 너희는 가서 모든 족속으로 제자를 삼아 아버지와 아들과 성령의 이름으로 세례를 주고 내가 너희에게 분부한 모든 것을 가르쳐 지키게 하라 볼지어다 내가 세상 끝날까지 너희와 항상 함께 있으리라 하시니라"(마태복음 28장 18~20절).

이 말씀은 갈릴리에서 예수님의 승천하시는 모습을 직접 목격한 열한 제자에게 주어진 명령이지만, 오늘날 전 교회의 전 성도에게 주신 명령이기도 하다. 어느 누구도 예외가 될 수 없으며, 예수님이 유언처럼 남기신 가장 큰 명령이기에 우리는 이 말씀을 대사명(大使命)이라 한다.

그러나 현대 한국 교회는 사도들이 주님으로부터 직접 받았던 대사명, 즉 선교적 소명을 전 평신도가 계승하고 있다는 중요한 사실을 간과하고 있다. 소명이 마치 특정한 사람들의 전유물이나 되는 것처럼 이야기하는 풍토가 한국 교회에 팽배해 있다. 물론 목회자나 선교사는 특별한 소명을 받은 자임에는 틀림없다. 그러나 몇 사람의 특별한 소명을 내세우다가 교회의 본질을 포기하는 것은 중대한 실수가 아닐 수 없다. 지상 교회 자체가 사도들이 받은 소명을 계승하고 있는데, 어찌 교회의 주체인 평신도가 그 소명에서 자유로울 수 있단 말인가. 평신도 당신이야말로 온 천하에 다니며 복음을 전하라는 명령을 받고 그대로 순종하다 순교한 베드로의 계승자이다.

전 성도가 사도들이 받은 대사명을 계승하는 일이 얼마나 본질적인 과제인지 한 번 더 확인하기 위해 신약 성경에 나오는 하나님의 뜻을 살펴볼 필요가 있다. "신약 성경에서 하나님의 뜻(thelema)이라는 말의 복수형은 거의 완전할 정도로 찾아볼 수 없다. 하나님의 뜻은 단수형으로 표현되어 있다."[9] '뜻'이라는 단어가 단수인 것은 하나님의 계획이 오직 한 가지 목적을 지향하고 있다는 말이다. 그 목적은 예수 그리스도를 통하여 세상을 구원하는 자기 자신의 구속 사역을 완성하는 것이다.

예수님이 사마리아 여인을 구원하신 다음, "나의 양식은 나를 보내신 이의 뜻을 행하며 그의 일을 온전히 이루는 이것이니라."(요한복음 4장 34절)라고 말씀하신 것이나, 70인의 제자들이 전도 여행을 마치고 보고를 드릴 때 성령으로 기뻐하신 이유가 바로 여기에 있다(누가복음 10장 21절).

사도 바울은 교회가 하나님께 영광을 돌리는 길은 다른 데 있는 것이 아니라 온 천하에 있는 사람들이 예수 그리스도를 주님으로 시인하게 되는 것, 이것이 바로 하나님의 영광과 직결된 하나님의 유일한 뜻이라고 선언한다(빌립보서 2장 10, 11절).

전 성도가 사도의 사역을 계승하기 위해 존재한다는 것은 주님이 교회 위에 부어 주신 성령께서 하시는 일을 보아도 분명히 알 수 있다. 교회의 사도적 본질과 성령은 불가분의 관계를 가지고 있다. 성령은 오셔서 하나님의 백성으로 선택받은 자들을 불러 예수님을 직접 목도한 사도들의 증거를 그대로 받아, 믿고 고백하게 하

---

9. Gottlob, "*Schrenk*", Theological Dictionary of N. T., Vol. Ⅲ, p.54.

신다. 그리고 구원받아야 할 다른 양들을 위해 먼저 부른 그들을 소명에 응하게 하시고 능력으로 무장시켜 주신다. 이제 세상은 성령을 통해 그리스도를 옷 입고 생활하며 이야기하는 새로운 종류의 사람들을 만나게 된 것이다. 이들이 바로 증거하는 공동체인 교회의 평신도이다.

"내가 아버지께로서 너희에게 보낼 보혜사 곧 아버지께로서 나오시는 진리의 성령이 오실 때에 그가 나를 증거하실 것이요 너희도 처음부터 나와 함께 있었으므로 증거하느니라"(요한복음 15장 26, 27절). 세상에서 하나님의 뜻을 이루기 위해 오셨던 예수님과 그의 위에 기름 붓듯 넘치게 임하셨던 성령의 관계는 바로 사도들과 성령, 교회와 성령의 관계를 설명하는 것과 같다.

"예수님 자신이 세례를 받으시면서 성령의 능력으로 기름 부음을 받았던 것같이 그의 제자들 역시 유사한 방법으로 기름 부음을 받아 주님의 일을 실천에 옮길 수 있게 되었다. 제자들이 해야 할 주님의 일은 증인이 되는 것이었다. 이것이 바로 사도행전을 통해 나타나는 사도들의 설교에서 탁월하게 돋보이는 주제였다."[10]

예수님께서 세례를 받으시고 성령으로 충만하시자마자 오랜 세

---

10. F. F. Bruce, *The Book of the Acts*, p.39.

월의 침묵에 종지부를 찍게 되고 드디어 하나님이 다시 말씀하시기 시작하였다. 예수님에게 임하셨던 그 성령께서 교회 안에 계시는 이상, 침묵은 반드시 끝이 나지 않으면 안 된다. 성령행전이라는 별명을 가진 사도행전 전체를 통해 증인 혹은 증거라는 말이 30여 차례나 나오는 것은 교회가 절대로 입을 다물 수 없었기 때문이다.

제자와 증인의 관계를 다루면서 우리가 간과할 수 없는 문제가 하나 있다. 그것은 앞서 언급한 바와 같이 복음서와 사도행전에 나오는 증거는 모두 입으로 전하는 말의 전도였다는 사실이다. 제자들의 증거는 복음을 말하는 것이었지 그들의 선한 생활이 일으키는 감동이 아니었다. 초대 교회 성도들이 예수님을 자기 개인의 이상적인 도덕적 모델로 보고 그를 적극적으로 모방하는 데 관심을 가지기보다 그가 세상의 주와 그리스도 되심을 열심히 증거하기를 원하였던 이유가 어디에 있었을까? 왜 그들은 가장 먼저 "또 종들로 하여금 담대히 하나님의 말씀을 전하게 하여 주옵소서."(사도행전 4장 29절)라고 기도했을까?

그들은 예수님의 온전하신 인격을 본받는 윤리적인 면에는 관심이 없는 듯, 입으로 예수님을 이야기하는 일에만 미쳐 있었다. 그들이 핍박을 당한 것은 그들의 말 때문이지 선한 행위 때문이 아니었다. 선행은 절대로 복음의 핍박을 불러들이지 않는다. 엄밀한 의미에서 선행은 완전한 증거가 될 수 없는 것이다. 그러므로 말로 전하는 복음이 빠진 증거는 세상을 구원할 수 없다. 간혹 어떤 사람이 자기의 선한 행위를 통해 증거한다고 생각하는 그 예수는 십자가에서 대속의 죽음을 당하신 예수가 아닐 수 있는 것이다.

사도들이 다 사라진 후에도 초대 교회는 수백 년 동안 핍박을 받아가면서 입으로 예수를 증거하는 일을 포기하지 않았다. 그 당시에는 성도들이 모이는 모든 소그룹과 모든 교회가 선교 단체였고, 모든 성도가 선교사들이었다. 성도들은 누구나 자기의 가까운 동료 노예에게, 자기의 주인과 여주인에게 자신이 구원받게 된 이야기를 마치 선원이 조난을 당하였다가 구사일생으로 살아와서 이야기하듯이 전했던 것이다.[11]

참 증거가 말로 전하는 데 있다고 해서 행위의 증거를 부인하는 것은 아니다. 그것 역시 말로 전하는 것만큼 중요하다. 말의 전도와 행위의 전도 가운데 어느 한쪽을 부인하면 심각한 문제가 일어날 수 있다. 그러나 초대 교회 제자들에게는 말의 전도가 압도적으로 우세하였다. 만일 우리가 행위의 전도만을 계속 강조하면 그것은 '와 보라'의 예수 그리스도 대신 선하게 보이는 자기 자신을 내세울 수 있다는 점을 명심해야 한다.

11. Philip Schaff, *History of the Christian Church*, Vol. II, pp.20, 21.

예수님의 제자로 훈련받는 것은 우리의 전 생활 영역에서 예수님을 고백하고 증거하는 증인이 되는 것이다. 내가 받고 있는 제자훈련의 건강을 진단하는 방법 가운데 하나는 내가 얼마나 예수 그리스도를 전하고 싶어 안달하는지 살펴보는 것이다. 건강한 제자훈련은 성령이 주시는 내적 충동을 억제하기 어려운 증인들을 만들어 내기 때문이다.

하나님께서 성도를 불러 이 땅에 세우신 교회는 다가올 하나님 나라를 세상에 미리 보여 주는 청사진이다. 결코 완전하게 보여 줄 수는 없겠지만, 최소한 닮은꼴이어야 하는 것이다. 예수의 냄새가 나야 하는 것이다. 그렇지 않으면 성도가 이 땅에서 일생을 살아가야 할 이유는 없다. 오히려 변화산[2] 꼭대기에 초막을 짓고 평생 살거나, 동굴 속에서 말씀 읽고 기도하며 부활을 기다리는 게 죄 덜 짓고 살 수 있는 좋은 방법일지 모른다.

---

12. 변화산: 예수님이 베드로, 야고보, 요한과 함께 한 높은 산에 올라가셨을 때 그의 얼굴과 옷이 변형되어 해같이 빛났다(마태복음 17장 1~9절; 마가복음 9장 2~10절; 누가복음 9장 28~36절; 베드로후서 1장 16~21절). 그곳에서 천국의 영광을 잠시 목격한 베드로는 산 밑으로 내려가지 않고 그곳에서 살고 싶다고 말했다. 이 산의 이름이 무엇이었는지는 정확히 기록되어 있지 않아 흔히 변화산이라고 부른다.

하나님이 세상 속에 교회를 세우신 것은 그만큼 우리에게 책임을 지우신 것이다. 내가 들은 복음을 다른 사람에게 전하고 말씀대로 살도록 가르쳐서, 그 사람이 또 다른 사람을 훈련하도록 하는 것. 세상이 성도를 통해 예수를 보는 것. 온 세상에 예수 그리스도의 제자가 가득해지는 것. 이것이 우리에게 보여 주신 하나님의 목표다. 그리고 온 세상에 예수 그리스도의 복음이 전해져서 모두가 그의 영광을 보게 되는 날, 하나님 나라가 이 땅에 임할 것이다.

그런 의미에서 제자훈련은 성도와 교회가 선택할 수 있는 사항이나 일개 방법론이 아니다. 이것은 성령이 임하신 모든 사람이 예외 없이 받은 사명이다. 개개인이 받은 사명이며, 전 성도가 함께 받은 사명이다. 그래서 우리는 각기 다른 모습과 다른 은사를 가졌으나, 우리가 가야 할 길은 하나, 오직 제자의 길이다. 이 길은 언제 끝날지 알 수 없는 길이지만, 혼자 가는 길이 아니기에 힘이 나고 내 안에서 힘 주시는 분으로 인해 결국 승리할 것을 알기에 즐거운 길이다.

그리고 나는 이 길 끝에서 만나게 될 온 땅에 가득한 주의 증인들과 자신의 형상으로 나를 지으신 주 예수 그리스도를 기대하는 것이다. "아멘 주 예수여 오시옵소서"(요한계시록 22장 20절).